Mosaik
bei GOLDMANN

Buch

Zigaretten schmecken eigentlich scheußlich, das Inhalieren des Rauchs ist lebensgefährlich, und Millionen Menschen versuchen, endlich damit Schluss zu machen – ohne Erfolg! Jetzt gibt es noch mehr Gründe, aufzuhören. Rauchen wird durch die Erhöhung der Tabaksteuer immer teurer!

Ulrike Bartholomäus und Martin Kunz stellen eine neue und auf aktuellsten wissenschaftlichen Erkenntnissen basierende Entwöhnungsstrategie vor. Überdies liefern die Autoren einen Überblick und Vergleich aller Tabak-Entwöhnungsmethoden. Durch eine Typologie kann jeder Raucher feststellen, welche Methode für ihn am besten geeignet ist. Erfolgreiche Ex-Raucher erzählen von ihren Nöten und Tricks. Da einige interviewte Personen anonym bleiben wollen, sind die Namen geändert.

Autoren

Ulrike Bartholomäus arbeitet als Medizin-Journalistin für *Focus*. Vorher schrieb sie als freie Wissenschaftsjournalistin für *Die Woche*, den *Tagesspiegel*, *Die Zeit* sowie für medizinische Fachpublikationen und hat bereits mehrere Bücher veröffentlicht.

Martin Kunz ist Wissenschaftsredakteur und Leiter des Ressorts Forschung & Technik bei *Focus*. Er hat bereits mehrere Bücher publiziert. Das Buch entstand in Zusammenarbeit mit der Stabsstelle Prävention des Deutschen Krebsforschungszentrums in Heidelberg, mit der Abteilung Klinische Psychologie des Max-Planck-Instituts für Psychiatrie in München und dem Lehrstuhl für Klinische Psychologie und Psychotherapie der Universität Dresden.

Die Autoren danken der Chefredaktion von *Focus*, Helmut Markwort und Uli Baur.

Ulrike Bartholomäus
Martin Kunz

Einfach nicht mehr rauchen

Der Fahrplan
zum erfolgreichen Ausstieg

Mosaik
bei GOLDMANN

Dieser Titel ist eine überarbeitete
und aktualisierte Ausgabe des
Goldmann Taschenbuchs Nr. 16305.

Umwelthinweis:
Alle bedruckten Materialien dieses Taschenbuches
sind chlorfrei und umweltschonend.

1. Auflage
Aktualisierte Taschenbuchausgabe Januar 2004

Umschlaggestaltung: Design Team München
Umschlagfoto: Batisweiler
Satz: Uhl + Massopust, Aalen
Redaktion: Lucy Peterhans
Druck: GGP Media, Pößneck
Verlagsnummer: 16627
Kö . Herstellung: IH
Made in Germany
ISBN 3-442-16627-6
www.goldmann-verlag.de

Inhalt

Vorwort

Es beginnt wie jede innige Liebesbeziehung: Man lernt sich im Kreis von Freunden, Bekannten oder am Arbeitsplatz kennen. Mal ist es Liebe auf den ersten Blick, mal begegnet man sich mit Skepsis – doch irgendwann werden orale Zärtlichkeiten ausgetauscht, man braucht sich, ist fortan unzertrennlich von morgens bis spät in die Nacht.

Nach einer längeren Zeit des Verliebtseins ist auch diese Beziehung Krisen unterworfen: Die Abhängigkeit macht einem zu schaffen, das dauernde Aneinanderhängen kostet Zeit, Nerven und unendlich viel Geld. Es kommt der Punkt, an dem es einen krank macht, und erste Trennungsgedanken flimmern durch den Kopf. Genau dort ist aber das Problem begraben: Rational wäre man vielleicht bereit, einen Schlusspunkt zu setzen, doch das unbändige Verlangen nach dem Beziehungs-Kick lässt einen nicht los. Aus dem Partner wird ein Patient. Er braucht professionelle Hilfe.

Die fatale Geliebte heißt Zigarette, und fast alle, die ihr verfielen, leiden in der Trennung schwer.

Deshalb haben wir für Sie ein Buch verfasst, das Ihnen eine *nach neuesten wissenschaftlichen Erkenntnissen optimierte Ausstiegs-Strategie* aufzeigt, und einen Überblick bietet über populäre Trennungshilfen für die von allen verdammte Beziehung zum Tabak. Denn mit den modernsten Methoden der Medizin, Psychologie und Pharmakologie werden auch Sie die Scheidung vollziehen können. Mit umfassender Information über die Hintergründe der fatalen Liebschaft, den für Sie geeigneten Entzugsmethoden und trainierter Konsequenz wird es Ihnen gelingen, von der Versuchung die Finger zu lassen. Denn Sie haben es – wie die Millionen Ex-Raucher, die es bereits geschafft haben – selbst in der Hand, sich für immer von Zigaretten zu trennen.

Neben den vielen Parallelen zwischen menschlicher Liebesbeziehung und Nikotinsucht gibt es vor allem einen gravierenden Unterschied: »Bis dass der Tod euch scheidet« ist nur in der christlichen Ehe eine wünschenswerte Maxime.

Warum Nichtraucher in den Himmel kommen

»Den Geschmack jener achten oder neunten Zigarette am Tag genau zu beschreiben ist nicht leicht – eine Mischung aus Ozon, blondem Tabak und frühabendlicher Beklommenheit auf der Zunge«, so beginnt ein im Internet veröffentlichter Kurzroman von Jay McInerney. Haben Sie sich schon jemals überlegt, welche Geschmacksstoffe sich auf der Zunge, im Mund- und Rachenraum ausbreiten, wenn Sie einen tiefen Lungenzug genommen haben? Wenn der wohltemperierte Rauch über die Geschmacks- und Duftsensoren strömt, entfaltet er eine herbe, bittere, aber irgendwie weiche und voluminöse Note, durchzogen von einer Schärfe, die mit der Tiefe des Lungenzugs und dem Abbrennen der Zigarette stark zunimmt. Kaum ist der Rauch über die Luftröhre in die Lunge gesogen, entsteht dieser angenehme Druck in den Lungenbläschen. Diese Kraft unter den Rippen ist manchmal wie ein sattes Schnitzel im Magen. Gleichzeitig durchzieht den Körper wohlige Entspanntheit, der Rauch steigert die Aufmerksamkeit, schärft den Geist. Diese Mischung aus Kurzurlaub und Mini-Orgasmus lässt das Anzünden, Liebkosen und Aufsaugen von verbrennendem Tabak so unwiderstehlich erscheinen. Und damit soll jetzt Schluss sein?

Genau, damit soll jetzt Schluss sein!

Und wir versprechen Ihnen, es wird viel leichter und weniger entbehrungsreich, als Sie sich das momentan vorstellen können.

Vielleicht gruselt Sie die Vorstellung eines Lebens ohne Zigarette. Nicht nur der Mangel an Nikotinnachschub löst bei Ihnen schon einen Schweißausbruch aus. Auch der endgültige Verlust des ständigen Begleiters, Zeitvertreibers, Genussstängels, Handschmeichlers und Lutschstäbchens führt zu einer argen Frustration. Man kann doch so prima Momente erhöhen mit einer Zigarette, Pausen überbrücken, Freundschaften oder Leidensgenossenschaften dokumentieren, Aggressionen ertragen, Stress abprallen lassen oder einfach nur genießen, wie sich der warme ausgeatmete Dampf nach dem Lungenzug um die Nase kräuselt.

Nach so viel Gefühl und Genuss wollen wir aber unseren Verstand zu Rate ziehen. Denn offenbar will ja ein Großteil der Raucher lieber heute als morgen abstinent werden. »85 Prozent aller Raucher würden gern aufhören«, schreibt das Nachrichtenmagazin Focus. »Und 35 Prozent von ihnen versuchen es durchschnittlich fünfmal pro Jahr«, stimmt der Suchtexperte Lutz Schmidt von der Universitätsklinik Benjamin Franklin in Berlin bei. Wunsch und Wirklichkeit klaffen beim Zigarettenentzug weit auseinander, denn die Erfolgsaussichten, die Sucht einfach abzustreifen und von der Tabakware zu lassen, sind – ohne Hilfe – nicht sehr groß. »Nur 4,4 Prozent sind nach einem Jahr noch Nichtraucher«, so Focus.

Ganz offensichtlich haben Raucher, die sich ihrer Zigaretten entledigen wollen, einen hartnäckigen Feind: die Nikotinsucht. Von vielen Experten wird die Abhängigkeit vom Nikotin in einer Reihe mit Alkohol, Cannabis und Heroin genannt, gesellschaftlich sind Raucher jedoch kaum so stigmatisiert wie ein Trunkenbold oder ein Junkie. Das mag daran liegen, dass die erwünschten Wirkungen des Tabaks nicht negativ beurteilt werden (die Lüge vom Genussraucher!), weil sie nicht zur Bewusstseinstrübung führen wie bei den anderen harten Drogen. Kaum ein Raucher torkelt benommen durchs Büro, nur weil er ein bisschen zu tief inhaliert hat.

Zwar bieten Pharmaprodukte starken Rauchern die Möglichkeit, die Suchtwirkung zu dämpfen, doch bedarf es immer noch einer gehörigen Portion Willenskraft, um den »inneren Schweinehund« zu überwinden. Und so lange Forscher noch an einer Impfung gegen das Rauchen laborieren und diese Spritze nicht bei jedem Hausarzt zu haben ist, steht die Gier nach dem Gift Nikotin der Entwöhnung im Wege.

Impfen gegen die Zigarettensucht

Für jeden, der mit dem Rauchen aufhören will, klingt es wie ein Märchen, die Zigarettenindustrie muss es als Albtraum empfinden: Gleich mehrere Laboratorien arbeiten derzeit an Impfstoffen gegen die Nikotinsucht. Die Impfung soll das Immunsystem des Körpers stimulieren, um Antikörper zu bilden, die das Nikotin im Blut binden. Weil diese Antikörper mit dem gebundenen Nikotin zu groß sind, um die Blut-Hirn-Schranke (eine Art natürlicher Blutfilter, der das Gehirn vor Keimen schützt) zu überwinden oder die Nikotinmoleküle von den Antikörpern zerstört werden, gelangt das Suchtmittel nicht mehr ins Gehirn und kann dort seine Wirkung nicht mehr entfalten. In Experimenten stellten Forscher fest, dass die Nikotinkonzentration bei geimpften Labortieren um 64 Prozent geringer war als bei den ungeimpften. Eine erste klinische Studie bei einer Gruppe von Rauchern und Ex-Rauchern zeigte eine Erhöhung der Nikotin-Antikörper-Konzentration im Blut

der Probanden nach Einnahme des Wirkstoffs NicVAX. Für bis zu vier Monaten könnten die Probanden so gegen Nikotin »immunisiert« werden, hofft das US-Unternehmen Nabi Biopharmaceuticals.
Die Wissenschaftler gehen davon aus, dass Personen mit einer Nikotinimpfung keinen »Kick« durch das Rauchen bekommen und deshalb nicht süchtig werden können. Denkbar ist die Nikotinimpfung auch als Präventivmaßnahme beispielsweise für Kinder. Der so geimpfte Nachwuchs wäre dann immun gegen die Abenteuerversprechen von Marlboro, Camel & Co. und so gegen die größten Herzinfarkt- und Krebsgefahren gefeit.

Auch die unerwünschten Wirkungen des Tabaks sind erst über lange Zeiträume festzustellen. Die grausamen Folgen des Rauchens (für den Rest des Buches können Sie alle Aussagen für Zigaretten übrigens auch weitgehend für Zigarren und Pfeifentabak übernehmen, sofern der Rauch inhaliert wird!) treten manchmal erst nach Jahren oder Jahrzehnten zu Tage. Die Gesundheitsrisiken durch das Rauchen klingen gerade für junge Menschen läppisch: Welchen Teenie schreckt es schon, dass Rauchen die Lebenserwartung um Jahre senkt? Statt 79 Jahren Lebenserwartung nur 75 oder 73 – das ist für die meisten unendlich weit weg, und viele gruselt es ohnehin vor dem Älterwerden. Außerdem lässt die statistische Wahrscheinlichkeit, von Krebs oder Herzinfarkt dahingerafft zu werden, doch für jeden Einzelnen noch das Schlupfloch: »Mich wird's schon nicht treffen.« Und einen Onkel Otto, der 80 geworden ist, obwohl er ein Leben lang gepafft hat, den findet jeder Kettenraucher in der Verwandtschaft.

Die Heimtücke des Tabakkonsums liegt darin, die Suchtwirkung des Nikotins zu unterschätzen und sich der gesundheitlichen Folgen des Rauchens nicht permanent bewusst zu sein. Eigentlich muss man bei jedem Lungenzug wissen:

- dass jede einzelne Zigarette das Leben um 5 bis 8 Minuten verkürzt;

- dass in Deutschland jährlich 110 000 Menschen an den Folgen des Rauchens sterben, fast 10-mal mehr als bei Verkehrsunfällen;

- dass die Suchtwirkung stark genug ist, um einige Menschen zu veranlassen (Sie etwa auch schon?), bei minus 18 Grad Celsius durch den Tiefschnee zu stapfen und sich die Ohren abzufrieren, nur um an den nächsten Zigarettenautomaten zu gelangen. Tun sie das, weil die Zigarette so gut schmeckt? Nein. Sie tun es, weil sie fast jede Entbehrung auf sich nehmen, um an ihr Gift zu kommen.

Das Dilemma der Raucher, einer Sucht verfallen zu sein, deren Folgen sie erst viel später tragen müssen, bringt der englische Nichtraucher-Papst Allen Carr auf den Punkt: »Alle Raucher wissen im Grunde ihres Herzens, dass sie Trottel sind.« Denn eigentlich braucht kein Mensch auf dieser Welt Zigaretten. Niemand wurde als Raucher geboren. Einige Menschen haben vielleicht eine höhere – auch genetisch bedingte – Affinität zum Tabakgenuss und zur Nikotinsucht, wie neueste Forschungen zeigen. Aber jeder weiß, dass das Leben vor der ersten Zigarette auch ganz erquicklich war. Ja, wir mussten uns sogar gewaltig anstrengen, um so richtig süchtig und zum Kettenraucher zu werden. Wie bei jeder Sucht hat irgendjemand mit Idolcharakter (Vater, Freund oder Joe Camel) den Verführer gespielt. Dann haben wir uns mehrfach überwunden, um die ersten Zigaretten ohne Blamage zu inhalieren, und plötzlich wollten wir nicht mehr »ohne« sein. Jahrelang haben wir dann »mit« gelebt. Und heute – Glückwunsch zur Einsicht! – ist es offensichtlich so schwer, »ohne« auszukommen.

Soll und Haben des Zigarettenkonsums

Haben Sie schon einmal, wie der Controller eines mehr oder minder erfolgreichen Unternehmens, eine Zwischenbilanz Ihrer Raucherkarriere gezogen? Was haben die Jahre, Monate, Tage und Momente mit dem Glimmstängel denn netto gebracht?

Verbuchen Sie auf der positiven Seite der Bilanz folgende Punkte:

- Die Zigaretten schmecken, besonders mit Alkohol oder Kaffee, echt gut.
- Die Wirkung der Zigarette ist körperlich angenehm, ich fühle mich entspannt.
- Ich habe immer etwas in der Hand. Das beruhigt, auch beim größten Stress.
- Oft wird es erst durch Zigaretten richtig gemütlich.

Erweitern Sie diese Liste beliebig und mit persönlichen Einschätzungen.

Auf der negativen Seite der Raucherbilanz müssten Sie nun folgende Punkte in Rechnung stellen:

- Kosten des Zigarettenkonsums
- Zeitaufwand
- Schaden für die Gesundheit

- Mangel an Fitness
- Nachteile für Körpergefühl und Schönheit
- Beeinträchtigung der Geruchs- und Geschmacksnerven
- Gefahr, als Luftverpester zu gelten

Weil Sie aber auf dem besten Wege sind, all diese negativen Dinge hinter sich zu lassen und ein Leben ohne Zigarettenlaster anzustreben, können wir diese Punkte gleich auf der Haben-Seite Ihres baldigen Nichtraucherlebens verbuchen:

Zwölf Gründe, mit dem Rauchen aufzuhören

- *Sie sparen eine Menge Geld*
  Raucher lassen sich den Zigarettenkonsum eine Menge kosten, insbesondere nach Erhöhung der Tabaksteuer: Eine Schachtel am Tag, das macht also drei bis vier Euro, 90 bis 120 Euro im Monat, 1095 bis 1460 Euro im Jahr, 10950 bis 14600 Euro in zehn Jahren, dazu noch Zins und Zinseszins.... Wer also sein ganzes Leben als Erwachsener raucht, verpafft ganz lässig den Wert einer veritablen Segeljacht, eines nagelneuen Porsche, einer kleinen Eigentumswohnung oder gar eines Bungalows auf Mallorca.

- *Nichtraucher sparen viel Zeit*
  Durch die Kosten (entsprechende Arbeitszeit), die Beschaffung, den Konsum und die Entsorgung der Zigaretten geht ihnen viel Zeit verloren. Ein starker Raucher verbringt täglich vier Stunden mit der Zigarette. Er verliert durch das Rauchen an sich mindestens eine Stunde am Tag. Wer sein Leben lang an der Zigarette hängt, verraucht mehr als zwei Jahre.

- *Sie leben länger*
  Noch mehr Zeit verliert der Raucher durch die gesundheitlichen Schäden, die er seinem Körper zumutet. Starke Raucher verkürzen ihre Lebenserwartung um etwa 12 Prozent – macht fünf bis neun Jahre, die Sie gewinnen, wenn Sie nicht rauchen.

- *Sie sind fitter*
  Eine Raucherlunge ist nicht nur tief braun bis schwarz wie ein vergammelter Haufen Fleisch – wie jeder Lungenfacharzt oder Anatom gerne bestätigt – sie hat oft nur den Bruchteil der Leistungsfähigkeit eines unbelasteten Organs. Sie können weniger Sauerstoff in Ihre Muskeln pumpen, das Herz muss mehr arbeiten, die Gefäße sind aber nicht so elastisch – Sie machen schlapp, Nichtraucher haben die weitaus bessere Kondition. Herz und Kreislauf haben Reserven für stressige Momente.

- *Ihr Körpergefühl ändert sich*
  Während die Haut von Rauchern durch die toxischen Stoffe einem verstärkten Alterungsprozess (im Dermatologenjargon »Smokerface« genannt, weil die Haut, besonders im Gesicht, um 25 bis 40 Prozent dünner wird und Falten bildet) ausgesetzt ist und schneller runzelig wird, schützen Nichtraucher ihr größtes Organ vor dieser zusätzlichen Belastung.

- *Ihre Zähne sind schöner*
  Raucher bauen nicht nur schneller braunen Zahnbelag auf, auch das Zahnfleisch bildet sich leichter zurück, und die Beißerchen fallen aus. Nichtraucher

haben ein sechsmal geringeres Risiko für Parodontose und Zahnausfall. Einige Zahnärzte beginnen erst mit einer Parodontosebehandlung, wenn ein Betroffener das Rauchen aufgibt.

- *Ihr Atem ist frischer*
  Auch die schärfsten Pfefferminzbonbons können den Mundgeruch von kaltem Rauch nicht übertünchen. Ganz zu schweigen vom Gestank verrauchter Kleidung und den nikotingeschwängerten Körperausdünstungen. Nichtraucher duften einfach besser, und der Einsatz von verführerischen Düften aus der Parfümerie macht erst richtig Spaß, wenn man nicht mehr raucht.

- *Ihre Sensibilität für Geschmack und Duft erhöht sich*
  Die eigenen Sensoren für Geschmacks- und Duftstoffe werden durch die giftigen Teer- und Nikotinschwaden in Mitleidenschaft gezogen. In allen duftsensiblen Berufen (Parfümindustrie u.ä.) ist Nichtrauchen eine Grundvoraussetzung. Und Sie werden die bislang unerreichbaren Dimensionen von zarten Geschmacks- und Duftnoten bei Wein, Brot oder Partner(in) wieder entdecken.

- *Sie sind kein Luftverpester mehr*
  Auch wenn Ihre Familie, Freunde und Kollegen bisher tolerant mit Ihrem Zigarettendunst umgegangen sind – Sie haben Ihre Umwelt damit massiv belastet. Als Nichtraucher sind Sie nicht länger für die 14500 Tonnen Kohlenmonoxid und 600 Tonnen Stickoxide verantwortlich, die jährlich von deutschen Rauchern in

die Luft geblasen werden. 400 Menschen sterben jährlich an den Folgen des Passivrauchens. Damit haben Sie nichts mehr zu tun.

- *Ihr Selbstwertgefühl steigt*
  Als künftiger Nichtraucher haben Sie die vermutlich wichtigste Entscheidung für Ihre körperliche Gesundheit getroffen. Sie haben sich von der Plage des täglichen Beschaffens, der Gier nach Zigaretten und dem lästigen Entsorgen stinkender Kippen sowie dem muffeligen Atem verabschiedet. Sie haben die scheinbar unüberwindliche Sucht überwunden – die vielleicht stärkste Willensleistung Ihres Lebens vollbracht. Gratulation! Wer das geschafft hat, den kann so schnell nichts mehr umwerfen.

- *Sie sichern sich einen Platz im Himmel*
  Im Katalog für Sündenablass (Enchirido Indulgentiarum) der katholischen Kirche ist der Verzicht auf Zigaretten (zusätzlich Beten und sich Bekreuzigen) explizit als Möglichkeit der Buße erwähnt. Weil Sie als Nichtraucher Ihre Mitmenschen vor argen Schäden bewahren, so das Argument des Papstes, sei ein Platz im Himmel reserviert.

- *Sie erleben weniger Katastrophen*
  Eine Umfrage, die die »Apotheken Umschau« veröffentlichte, belegt, dass Nichtraucher nicht so oft von Ehescheidungen betroffen sind wie Raucher. Danach waren 49 Prozent der befragten Raucher mindestens einmal geschieden, bei Nichtrauchern betrug die Scheidungsquote nur 32 Prozent.

Und eine Studie an 2002 US-Soldaten ergab, dass Raucher beim Sport eineinhalb mal so oft verunglücken wie Nichtraucher. Mögliche Erklärung: Die Nichtraucher waren einfach fitter, deshalb war die Verletzungsgefahr geringer.

Bevor Sie sich jetzt in den nächsten Kapiteln des Buches über die Folgen des Rauchens, die Entwöhnungsstrategien und die Machenschaften der Zigarettenindustrie informieren, möchten wir Ihnen noch sagen, warum diese Fakten so wichtig für Ihren Einstieg in den Ausstieg sind.

Psychologen haben nämlich herausgefunden, dass umfassende Informationen über die Wirkung des Zigarettenrauchs auf den Körper, die Eigenarten der Nikotinsucht und die neuesten Möglichkeiten zur Zigarettenentwöhnung entscheidende Faktoren für die Beendigung der Raucherkarriere und den Beginn eines Lebens als Nichtraucher sind. Detailkenntnisse über die Sucht und die gesundheitlichen Folgen sind ganz offensichtlich ein motivierender Faktor bei erfolgreichen Zigarettenaussteigern.

Es wäre falsch, mit überzogenen Erwartungen oder gar blauäugig in den Zigarettenentzug zu gehen. Die Entwöhnung von der starken Droge Nikotin und dem Genussmittel Zigarette, die man mit so vielen Annehmlichkeiten verbunden hat, will gut geplant sein.

Aber mithilfe des Buches, den genannten Experten, ihren Therapien, Tipps oder pharmazeutischen Hilfsmitteln wird es Ihnen gelingen! Hunderttausende Deutsche schaffen den endgültigen Entzug jedes Jahr, also warum sollte gerade Ihnen dieser große Erfolg verwehrt bleiben?

Als Motivationsverstärker für die nächsten Tage, Wochen und Monate möchten wir Ihnen noch eine Liste der Amerikanischen Krebs-Gesellschaft vorstellen, der Sie entnehmen können, welche positiven Wirkungen der Zigarettenentzug auf den menschlichen Körper hat:

- 20 Minuten nach der letzten Zigarette gleicht sich die Herzschlagfrequenz und die Körpertemperatur derjenigen des Nichtrauchers an.
- Acht Stunden nach dem Rauchstopp hat sich das Kohlenmonoxid in den Blutbahnen verflüchtigt und dem Sauerstoff Platz gemacht.
- Schon nach einem Tag sinkt das Herzinfarktrisiko.
- Nach zwei Tagen verfeinert sich der Geruchs- und Geschmackssinn.
- Am dritten Tag verbessert sich die Atmung merklich.
- Nach drei Monaten kann sich die Lungenkapazität um bis zu 30 Prozent erhöhen.
- Ein Jahr nach dem Rauchstopp ist das Risiko für die Herzkranzgefäße nur noch halb so groß.
- Nach zwei Jahren ist das Herzinfarktrisiko fast auf normale Werte gesunken.
- 10 Jahre nach der letzten Zigarette ist das Lungenkrebsrisiko fast gleich groß wie bei echten Nichtrauchern.
- 15 Jahre nach dem Rauchstopp ist das Risiko für Herz-Kreislauf-Erkrankungen so, als hätte man nie geraucht.

Fatal Attraction – die Massendroge Nikotin

»Irgendwie muss es Rauchern doch klar zu machen sein, dass sie mit Glimmstängel durchschnittlich acht Jahre kürzer zu leben haben.«

PROFESSOR ULRICH KEIL, *Münster*

Genussmittel Tabak – eine Karriere ohne Knick

Als Columbus am 15. März 1493 von seiner Expedition nach Europa zurückkehrte, war die alte Welt an allen Geschichten, Eroberungen und Mitbringseln aus der Karibik interessiert. Den unscheinbaren Blättern und Samen der Pflanze Nicotiana, die sich im Bauch des Schiffs befanden, schenkte zunächst kaum jemand Beachtung. Seine Besatzung hatte sie in Kuba an Bord genommen, nachdem sie die Einheimischen dabei beobachtet hatten, wie sie die Nicotiana-Blätter bei Zeremonien in lange Pfeifen gesteckt, angezündet und die Verbrennungsprodukte gierig eingesaugt hatten.

Der französische Diplomat Jean Nicot, nach dem die Pflanze benannt wurde, trug zu ihrer Verbreitung und ihrem Gebrauch bei. 1556 wurde sie in Frankreich eingeführt, und 1612 kultivierten Farmer in Virginia die erste kommerziell nutzbare Tabakpflanze.

Zunächst wurde Tabak ausschließlich in Pfeifen geraucht, gekaut oder als Schnupftabak konsumiert. Doch schon diese frühen Genussmittel erwiesen sich als so beliebt in der Gesellschaft des 17. und frühen 18. Jahrhunderts, dass die Tabakfarmer mit dem Anbau und der Ernte kaum noch Schritt halten konnten.

Der überwältigende Erfolg des Tabaks als Nutzpflanze gilt

als einer der Hauptgründe für den Bedarf und die Nachfrage an Sklavenarbeit in Amerikas Südstaaten. Ohne die billige Arbeitskraft der schwarzen Plantagenarbeiter wäre der weltweite Siegeszug des Tabaks kaum möglich gewesen.

Der globale, kommerzielle Durchbruch gelang jedoch erst, als der amerikanische Tabakbaron James Buchanan Duke um 1885 die erste geeignete Maschine zur Herstellung von Zigaretten entwickeln ließ. Da die Glimmstängel nun nicht mehr von Hand gerollt werden mussten, sanken die Herstellungskosten. Auch weniger Wohlhabende konnten dem Tabak frönen, und Zigaretten wurden zu einem weit verbreiteten Genussmittel.

In den 20er Jahren wendete der US-Durchschnittsbürger vier Prozent seines Einkommens für Tabakprodukte auf, während der weltweiten Wirtschaftskrise sogar fast sieben Prozent – ein erster Hinweis, dass Menschen in Depressionszeiten mithilfe des Tabaks ihrem unerfreulichen Alltag entfliehen wollen.

Zu dieser Zeit tauchten auch erste Artikel in Fachzeitschriften auf, die sich mit den gesundheitlichen Folgen des Tabakkonsums auseinander setzten. In den späten 30er Jahren entdeckte der Arzt Franz Hermann Müller vom Bürgerhospital in Köln, dass unter seinen Lungenkrebspatienten besonders viele Raucher waren. Seine damals überraschende Erkenntnis, dass Zigarettenrauch die wichtigste Ursache von Lungenkarzinomen war, veröffentlichte das NSDAP-Mitglied Müller 1939 in der Zeitschrift für Krebsforschung. Sehr gelegen kam die Entdeckung dem fanatischen Nichtraucher Adolf Hitler. Bei der Eröffnung des NS-Tabakforschungsinstituts in Jena gratulierte der Führer »zur Befreiung der Menschheit von einem der gefährlichsten Gifte«. Fortan war das Rauchen in NSDAP-Gebäuden verboten; die Zeitschrift »Reine Luft« sorgte für die entsprechende Propaganda und »...man sprach sogar von der

Endlösung der Tabakfrage«, schreibt die Süddeutsche Zeitung in einer Rezension des US-Buchs »The Nazi War on Cancer« von Robert Proctor. Fatalerweise nutzen militante Raucher mitunter auch heute noch die NS-Thesen, um Anti-Raucherkampagnen zu verunglimpfen.

Während die USA nicht weniger als 93 000 Tonnen Tabak als Teil des Marshall-Plans über den Ozean schifften, gab die »American Cancer Society« erste Warnungen heraus, Rauchen könne zu Lungenkrebs führen. So sei eine statistische Korrelation vorhanden, aber noch kein kausaler Zusammenhang.

Das änderte sich radikal, als 1952 Reader's Digest den Artikel »Krebs aus der Schachtel« veröffentlichte, eine detaillierte Aufzählung der gesundheitlichen Schäden des Rauchens. Seither beschäftigen sich Mediziner, Wissenschaftler und Gesundheitsorganisationen damit, sämtliche Risiken des Rauchens zu erforschen.

Obwohl die gesundheitlichen Folgen immer umfassender dokumentiert werden, hat die Erkenntnis dem Erfolg der Zigaretten keinen Abbruch getan. Heute rauchen mindestens 1,5 Milliarden Menschen auf unserem Planeten.

- Zwei Drittel der Männer in Russland greifen regelmäßig zur Zigarette.
- In einigen asiatischen Staaten wie etwa China, Indonesien und Japan sind 60 bis 70 Prozent der Männer Raucher.
- In vielen Staaten steigt die Anzahl der rauchenden Frauen dramatisch an.
- Insgesamt gibt es in Deutschland 22 Millionen Raucher, jeder pafft durchschnittlich 17,3 Zigaretten am Tag, 6300 Zigaretten im Jahr.
- 35 Prozent aller Männer und 22 Prozent der Frauen in Deutschland rauchen.

– 6,7 Millionen Deutsche sind starke Raucher, weil sie im Mittel 20 oder mehr Zigaretten pro Tag konsumieren.

Besonders bei den Jugendlichen in Deutschland, stellte die Weltgesundheitsorganisation (WHO) fest, gibt die derzeitige Lage Anlass zu Sorge. Etwa 40 Prozent der unter 25-Jährigen sind gelegentliche oder ständige Raucher. Besonders bedenklich: seit 1993 steigt die Zahl der jugendlichen Qualmer wieder an. In der jüngsten Gruppe der Befragten, den 12- bis 17-Jährigen ist der Anteil der Raucher in den letzten Jahren auf bedrohliche 26 Prozent gestiegen.

Schadstoffinhalation – Schwelbrand im Körper

In der Kinowerbung für Lucky Strike beginnt das Vergnügen mit einem Strip: Die Zigarettenschachtel dreht sich tänzelnd zur Barmusik, des roten Aufreißstreifens entledigt sie sich, als wär's ein Büstenhalter, schon ist sie vom Cellophan entblößt, reißt die Klappe auf und lässt eine Zigarette frivol aus der Packung gleiten.

Dann muss man nur noch zugreifen, den Filter sanft mit den Lippen umschließen, das Feuer an der Zigarettenspitze entfachen und die Glut durch einen tiefen Lungenzug erhitzen.

Zieht der Raucher an der Zigarette, verbrennt der Tabak bei etwa 950 Grad Celsius, der Rauch gelangt in den Mund, den Nasen- und Rachenraum und die Lungenalveolen. Den Tabakrauch beschreiben Chemiker als Aerosol, eine Mischung aus Gasen und Feststoffen. Der Gasanteil besteht aus Stickstoff, Kohlenoxiden, Cyanwasserstoff und bis zu 400 anderen gasförmigen Stoffen.

Die Feststoffe, die in den Gasen gelöst sind, enthalten Nikotin, Kohlenwasserstoffe und Nitrosamine, insgesamt über circa 4000 mehr oder minder giftige Substanzen.

Als wichtigste Schadstoffe im Zigarettenrauch gelten Kohlenmonoxid, Benzol, Formaldehyd, N-Nitrosamine, Vinylchlorid, polycyclische aromatische Kohlenwasserstoffe, freie Radikale, verschiedene Schwermetalle (Cadmium, Blei) sowie radioaktives Polonium-210.

Eine Hochrechnung, die die Fachzeitschrift »Chemische Rundschau« veröffentlichte, besagt, dass starke Raucher ihren Bronchien eine Strahlenmenge verpassen, die etwa 250 Röntgenaufnahmen der Lunge entspricht.

Noch gesundheitsschädlicher als der durch die Zigarette gezogene Rauch sind die in die Raumluft abgegebenen Gas- und Teilchenschwaden.

Dieser Rauch, der an der Zigarettenglut bei etwa 500 Grad Celsius entsteht, ist viel schadstoffreicher, und die Partikel sind kleiner als im inhalierten Rauch. Sie können tiefer in die Lunge eindringen und sind für die Gesundheitsgefährdung passiver Raucher verantwortlich.

Fatale Wirkung des Schadstoff-Cocktails

»Der Mensch raucht, weil er das Nikotin haben möchte, aber er vergiftet sich, weil er gleichzeitig 4000 hochgiftige Substanzen inhaliert.«

PROFESSOR KNUT-OLAF HAUSTEIN, Erfurt

Nikotin

0,7 Milligramm Nikotin sollen laut Packungsangabe (Test nach ISO-Norm 3308, die von den Interessen der Zigarettenindustrie geprägt ist) in einer Camel Light enthalten sein. Neue praxisnahe Tests haben ergeben, dass ein Raucher 1,3 bis 2 Milligramm Nikotin aus einer solchen Zigarette inhaliert. Experten halten diese ISO-Norm für eine klare Verbrauchertäuschung. Der amerikanische Krebsforscher Jack E. Henningfield: »Das ist ungefähr so, als würde man entrahmte Milch kaufen und Sahne bekommen.«

Das Nikotin im Tabak gilt als relativ starkes Nervengift. Schon die in sechs Zigaretten enthaltene Menge reicht theoretisch, um einen Menschen tödlich zu vergiften. Durch den »bestimmungsmäßigen Gebrauch« von Zigaretten sind Nikotinvergiftungen jedoch fast nicht möglich. Mit jeder Zigarette erhält der Körper etwa ein Milligramm des Giftes. Die Menge des Nikotins hängt übrigens weniger von der Tabaksorte als vielmehr vom Papier ab: Je poröser das Papier ist, desto stärker wird der Rauch mit Luft verdünnt. Nur wenige Sekunden dauert es, bis die Chemikalie über die Lunge ins Blut gelangt. Die Konzentration des Nikotins im Blut steigt mit jedem Zug an, erreicht mit dem letzten Zug den Höhepunkt und fällt dann zunächst sehr schnell, später langsam ab, bis sich der fehlende Nachschub bemerkbar macht (Nervosität, Unwohlsein) und der Raucher zur nächsten Zigarette greift. So kann der Süchtige die Konzentration immer im grünen Bereich halten. Nur während des Schlafs sinken die Werte unter die Wohlfühlschwelle. Deshalb ist die Nikotinkonzentration im Blut morgens am geringsten – für viele Pegelraucher ist die Zigarette nach dem Aufstehen deshalb ein Muss. Nach etwa sieben Sekunden, also deutlich schneller als bei einer intravenösen Injektion, erreicht das Nikotin das Gehirn. Dort bindet es sich an spezielle Rezeptoren, und bevor es abtransportiert wird, entfaltet es rasch seine Wirkung:

- Die Herz- und Atemfrequenz steigt an.
- Der systolische und diastolische Blutdruck nimmt zu.
- Die Atemtiefe sinkt.
- Die Haut des Rauchers kühlt ab.
- Im Gehirn wird der Botenstoff Dopamin freigesetzt. Er spielt eine zentrale Rolle für das Genusserlebnis und die Suchtwirkung. Bei Befriedigung aller existenziellen Tätigkeiten (Essen, Trinken, Sex) schüttet das Gehirn Belohnungs- und Glückshormone aus. Der Raucher bedient sein Belohnungszentrum durch das Nikotin. Und wehe es kommt nicht, weil der Zigarettenautomat leer ist!
- Das Gehirn löst die Ausschüttung einer Vielzahl von Hormonen aus (Adrenalin, Noradrenalin, beta-Endorphin und Vasopressin). Das bewirkt eine Steigerung der Aufmerksamkeit, eine positive Beeinflussung des Gedächtnisses und verschiedener psychischer und motorischer Fähigkeiten. Psychologen haben eine Zunahme der Stresstoleranz und eine Abnahme der Aggressionen nachgewiesen.

»Der Punkt ist, dass Nikotin nicht nur psychostimulierende Wirkungen wie Kokain oder Amphetamin hat«, meint Professor Lutz Schmidt aus Berlin gegenüber der Ärztezeitung. Sondern es stößt im Gehirn eine ganze Reihe von Prozessen an, »wie ein Dirigent in einem Konzert auf viele Instrumente einwirkt«.

Unser Nervensystem passt sich der Anwesenheit und den Folgen des Nikotins an. Die Anzahl der Andockstationen (Rezeptoren) für das Gift im Gehirn steigt. Wird die Zufuhr plötzlich unterbrochen, sind diese Rezeptoren unbesetzt, der Raucher reagiert mit Entzugserscheinungen (Nervosität, Reizbarkeit, Konzentrationsschwäche, Hungergefühl).

Durch den Zusatz von Ammoniak versuchten Zigarettenhersteller (z.B. Philip Morris bei Marlboro) die süchtig machende Wirkung des Tabakrauchs zu verstärken, behaupten englische und amerikanische Experten nach Auswertung von 60 internen Dokumenten der Zigarettenindustrie. Dieses Verfahren bei Marlboro-Zigaretten sei durch Untersuchungen der Konkurrenz herausgefunden worden, die nach dem Erfolgsgeheimnis der Marke suchten.

Neueste Studien belegen auch eine direkt Krebs fördernde Wirkung des Nikotins im Körper – die Droge könnte so den Negativeffekt der anderen Inhaltsstoffe des Zigarettenrauchs zusätzlich verstärken. Auch Nikotin-Ersatz-Präparaten haftet nun diese mögliche Nebenwirkung an. Da diese Nikotin-Pflaster, -Kaugummis oder -Lutschtabletten nur wenige Wochen zur Entwöhnung eingenommen werden, ist der mögliche Schaden aber vermutlich geringer als der Nutzen.

Kohlenmonoxid

> Normale Zigaretten und Selbstgedrehte enthalten etwa 10 bis 20 Milligramm Kohlenmonoxid, manche ultraleichten Erzeugnisse liegen bei 2 bis 7 Milligramm.

Kohlenmonoxid ist ein geruchloses und unsichtbares Gas, das bei Verbrennungsprozessen entsteht. Ganz egal, ob nun Kraftstoff in einem Motor entzündet wird oder Tabak verglimmt, das hochgiftige CO entsteht. Während sich schon viele Menschen mit in den Fahrgastraum eingeleitetem Autoabgas das Leben nahmen, akzeptieren Raucher ähnlich hohe Dosen (20 000 bis 60 000 ppm [parts per million]) bei jedem Zug an der Zigarette. Das entspricht etwa dem Tausendfachen der maximalen Arbeitsplatzkonzentration (30 ppm), einem Grenzwert, der nicht erreicht oder gar überschritten werden soll. Die ausgeatmete Luft von Rauchern nach einem Lungenzug übersteigt diesen MAK-Wert oft deutlich (bis über 60 ppm CO im Atem). Streng genommen ist der Atem des Rauchers also eine toxikologische Zumutung.

Mediziner messen bei Zigarettenentwöhnungstherapien die CO-Werte ihrer Patienten. »Nach einigen Tagen«, so hat der Erfurter Professor Knut-Olaf Haustein festgestellt, »gleichen sich die CO-Werte denen von Nichtrauchern an.« In deren Atemluft sind etwa 3 bis 4 ppm Kohlenmonoxid enthalten.

Das in den Körper gesaugte CO-Gas bindet sich in der Lunge an den roten Blutfarbstoff. Die Hämoglobinmenge, die für den lebenswichtigen Sauerstofftransport in den Körper zur Verfügung steht, sinkt, und die Abgabe des Sauerstoffs vom Blut ins Gewebe wird behindert. Vom Hirn bis zum kleinen Zeh erhalten der Körper und seine Organe nun weniger Sauerstoff – ein physiologischer Notzustand verbunden mit entsprechenden Funktionseinbußen. Die gesundheitlichen Folgen der CO-Inhalation:

- Durchblutungsstörungen sind die Ursache vieler dramatischer Organschädigungen, bis hin zum Schlaganfall oder einem Raucherbein.
- Herzinfarkte treten bei Rauchern doppelt so häufig auf wie bei Nichtrauchern, fast alle Herzinfarkte bei Patienten unter 40 Jahren sind auf das Rauchen zurückzuführen.

Fatalerweise schädigen auch die so genannten freien Radikalen (aggressive Sauerstoffteilchen) aus dem Zigarettenrauch die Gefäßwände und begünstigen ein Verklumpen von Blutplättchen – beides Vorgänge, die das Infarktrisiko ansteigen lassen.

Angelika F., eine Bankkauffrau aus München, ereilte das Schicksal bereits im Alter von 32 Jahren. Sie begann mit 16 Jahren zu rauchen und steigerte ihren Konsum auf zuletzt bis zu zwei Päckchen. Alle Anzeichen einer Herzerkrankung übersah die energiegeladene Münchnerin und war entsprechend geschockt von der Diagnose, als sie ins Krankenhaus eingeliefert wurde. »Ich habe über ein Jahr gebraucht, um mich von dem Infarkt zu erholen«, sagt sie jetzt. »Und natürlich rühre ich in meinem Leben keine Zigarette mehr an, denn die waren nach Aussage der Ärzte die Hauptursache für den lebensbedrohlichen Zustand.«

»Die WHO weist ausdrücklich darauf hin, dass in der Vergangenheit die Zahl der Todesfälle stark unterschätzt worden ist. Neuere Studien zeigen, dass einer von zwei langjährigen Rauchern vorzeitig stirbt.«

Insgesamt hebt die CO-Vergiftung des Körpers übrigens auch die teilweise angenehmen und positiven Wirkungen (Steigerung der Aufmerksamkeit, Leistungsfähigkeit) des Nikotins auf. So ist auch der Umstand zu erklären, dass Raucher mehr Unfälle verursachen als Nichtraucher. Zur ohnehin schon CO-geschwängerten Luft im Automobil addiert sich die CO-Konzentration des Zigarettenrauchs – eine deutliche Beeinträchtigung der Fahrtüchtigkeit ist die Folge, wie Verkehrsmediziner bestätigen.

Neueste Forschungsergebnisse aus den USA lassen vermuten, dass auch genetische Ursachen einige Raucher besonders anfällig für Herzkrankheiten machen. Ärzte der University of North Carolina entdeckten bei Patienten, die das Gen GSTT 1 im Erbgut tragen, ein dreifach höheres Risiko, einen Herzinfarkt zu erleiden. »Es zeigte sich, dass Raucher mit dem Gen ein 180 Prozent höheres Risiko für Herzprobleme hatten, als die Raucher ohne GSTT 1-Gen. Bei Nichtrauchern spielt das Gen jedoch keine Rolle«, sagte Professor James Pankow. Offenbar können die Bestandteile des Zigarettenrauchs bei Personen mit GSTT 1-Gen viel leichter ihre schädigende Wirkung in den Blutgefäßen entfalten als bei den Patienten ohne den Erbgut-Schnipsel.

Krebsauslösende Gifte

> Etwa 10 Milligramm Teer sollen laut den bisherigen Iso-3308-Tests der Industrie in einer Marlboro-Light-Zigarette sein. 18 bis 36 Milligramm Teer zieht ein Raucher aus einer Zigarette dieser Marke, so haben neuere praxisnahe Versuche ergeben.

Von den etwa 4000 Chemikalien, die durch den Zigarettenrauch in den Körper gelangen, sind viele Dutzend nachgewiesenermaßen Krebs erregend. Erstaunlicherweise werden zwar die Ökobrötchen jedes Bäckers und die Mettwurst jedes Metzgers von Behörden untersucht, nicht aber die Inhaltsstoffe des Massenkillers Zigarette. »Der ganze Mist, der Zigaretten zugesetzt wird«, so beklagt Douglas Bettcher von der Weltgesundheitsorganisation WHO, »muss bisher auch nicht auf der Packung stehen.« Deutsche Mediziner fordern deshalb einen Beipackzettel für Zigaretten, auf dem alle Krebs erregenden Stoffe verzeichnet sind. Ausgewiesen sind bis dato nur das »Nikotin« und das »Kondensat« (Teer). Kondensat ist eine höfliche Umschreibung für den Gift-Cocktail, der beim Verbrennen des Tabaks entsteht und sich als schwarzbraune Soße im Filter, an den Fingern, Lippen, dem Gaumen und natürlich in der Lunge des Rauchers niederschlägt, also rein chemisch gesehen kondensiert.

Bei vielen Rauchinhaltsstoffen wird eine kanzerogene Wirkung zumindest vermutet, bei weiteren kann eine solche Folge nicht ausgeschlossen werden. Professor Ulrich Keil formulierte das Problem ganz drastisch, denn 38 Prozent aller Krebserkrankungen sind eine Folge des Rauchens. Und schuld daran sei nicht das Nikotin, sondern die vielen anderen Chemikalien,

»die die Lunge regelrecht austeeren«. Wer täglich 20 Zigaretten raucht, nimmt in jedem Jahr etwa eine Tasse Teer in sich auf, nach zehn Jahren hat er etwa 3 Kilogramm Rauchstaub inhaliert, das entspricht etwa fünf in der Lunge endgelagerten Briketts.

Wissenswertes über die Inhaltsstoffe oder warum die Zigarette ihren Beinamen »Sargnagel« verdient

Der in den Lungen abgelagerte oder über die Lunge im Körper verteilte Giftcocktail hat auf verschiedenste Art und Weise eine kanzerogene Wirkung auf Körperzellen. So wird vermutet, dass bestimmte Komponenten des Zigarettenrauchs die Immunabwehr schwächen und im Erbgut von Zellen den natürlichen Abwehrmechanismus gegen Krebs außer Kraft setzen. Durch den Eingriff in die Gene der Zellen erhöht sich die Wahrscheinlichkeit einer bösartigen Wucherung, Krebsgeschwüre können entstehen und sich ausbreiten.

Besonders Schwermetalle, das radioaktive Polonium-210, Nitrosamine sowie die Chemikalien Benzol und Benzo(a)pyren stehen im Verdacht, für die Krebsgefahr verantwortlich zu sein.

Aus dem Zigarettenrauch gelangen die so genannten tabakspezifischen Nitrosamine NNK und NNN in die Lungenbläschen und entfalten ihre Krebs erzeugende Wirkung. Auf welche Weise diese Stoffe die Tumorentstehung begünstigen, ist noch nicht eindeutig geklärt.

Aromatische Kohlenwasserstoffe wie Benzo(a)pyren sind in Autoabgasen enthalten, aber auch beim Grillen oder der Verbrennung von Kohle, Öl und Gas wird Benzo(a)pyren erzeugt. Zusätzlich enthält der Rauch viele aggressive Stoffe, die Krebs fördernd wirken. »Sie wecken schlafende Tumorzellen auf«, beschreibt der Toxikologe Professor Friedrich Wiebel vom GSF-Forschungszentrum in Neuherberg die fatale Wirkung.

Insgesamt ist Rauchen für 30 Prozent aller Krebserkrankungen verantwortlich, betont der Lungenspezialist Hans Peter Drings von der Thoraxklinik Heidelberg-Rohrbach. Das Risiko, an Krebs zu erkranken, hängt dabei direkt mit der Anzahl der konsumierten Zigaretten zusammen. In einer Studie mit 7800 Zigarettenrauchern stellt sich ein mindestens fünffach erhöhtes Krebsrisiko im Vergleich mit Nichtrauchern heraus, meldet die Deutsche Hauptstelle für Suchtgefahren. Bei extremen Kettenrauchern steigt die Krebssterblichkeit sogar auf das Elffache an.

Die fatalste Wirkung hat der Zigarettenrauch (natürlich auch Zigarren- und Pfeifenrauch) auf die Lunge. An den empfindlichen Schleimhäuten des Organs kommt es am ehesten zu Irritationen durch die toxischen Stoffe. Bronchialkarzinome werden bei Männern zu 90 Prozent und bei Frauen zu 79 Prozent auf den Tabakkonsum zurückgeführt. Gerade die Anzahl der Lungenkrebspatientinnen stieg in den letzten Jahren bedenklich an.

Neueste Forschungsergebnisse der Universität Pittsburgh zeigen, dass Frauen rein genetisch sensibler auf Zigaretten reagieren und deshalb einem höheren Lungenkrebsrisiko ausgesetzt sind. Der so genannte GRPR-Rezeptor (auf dem »weiblichen« Geschlechts-Chromosom X) kann vom Nikotin aus dem Zigarettenrauch angeregt werden und das Tumorwachstum in Lungenzellen anregen. »Unsere Arbeit erhärtet den Verdacht, dass Frauen sehr viel eher von Lungenkrebs bedroht sind als Männer«, meint Studienleiterin Sharon Shriver, »und zwar schon bei viel niedrigerer Rauchbelastung.«

Doch auch Männer sind vom Lungenkrebs massiv betroffen, schließlich ist das die häufigste Tumorerkrankung beim vermeintlich starken Geschlecht.

Etwa 35 000 Bronchialkarzinome enden pro Jahr in Deutschland tödlich, fast 30 000 der Patienten sind Raucher.

Raucher von Zigaretten mit (laut Packungsangabe) niedrigem Teergehalt werden offenbar zunehmend Opfer einer speziellen Art von Lungenkrebs, die die äußeren Bereiche der Lunge angreift, haben Wissenschaftler festgestellt. Der Wechsel vieler Raucher zu Light-Zigaretten habe die Häufigkeit des so genannten Adeno-Karzinoms ansteigen lassen.

»Diese Studie ist wichtig, weil die Werbung für Niedrig-Dosis-Zigaretten den Eindruck erwecken möchte, Zigaretten mit niedrigem Teergehalt seien weniger gefährlich«, meint der Nikotinforscher Neal Benowitz von der Universität Kalifornien.

Massenkiller Glimmstängel

Auch in fast allen anderen Körperregionen begünstigt der Tabakrauch die Entstehung von Tumoren:

- *Kehlkopfkrebs:* Zigarettenkonsum ist die Hauptursache für die Entstehung von Tumoren im Mund-, Rachen- und Kehlkopfbereich. Bei Rauchern liegt das Risiko, an einem solchen Karzinom zu erkranken, um den Faktor 5 bis 35 höher als bei Nichtrauchern. Bei regelmäßigem Alkoholgenuss steigt der Risikofaktor auf den Wert 100.

- *Nieren- und Blasenkrebs:* Die Giftstoffe aus der Zigarette gelangen über das Blut in die Niere und von dort über den Urin in die Blase. Hier zerstören die toxischen Stoffe die

Körperzellen. Rauchen gilt als größter Risikofaktor für das Blasenkarzinom. Die Wahrscheinlichkeit, an solchen Tumoren zu erkranken, liegt bei Rauchern doppelt so hoch wie bei Nichtrauchern.

- *Speiseröhrenkrebs:* Um den Faktor 7 bis 10 steigt bei Rauchern das Risiko, an solchen Tumoren zu erkranken.

- *Bauchspeicheldrüsenkrebs:* 11 000 Menschen erkranken jährlich an Bauchspeicheldrüsenkrebs. 3,2-mal so hoch wie bei Nichtrauchern ist die Gefahr einen Tumor zu bekommen; wer mehr als zehn Zigaretten raucht, hat ein 4,8-fach erhöhtes Risiko.

- *Magenkrebs:* Eineinhalbmal höher ist das Risiko von Rauchern, an Magenkrebs zu erkranken.

- *Blutkrebs:* Das Leukämie-Risiko steigt durch Zigarettenkonsum auf das Doppelte.

- *Gebärmutterkrebs:* Rauchende Frauen nehmen ein doppelt so hohes Risiko für Tumoren im Unterleib in Kauf.

Es muss ja nicht gleich Krebs, Herzinfarkt oder Schlaganfall sein – hier sind noch ein paar weitere typische Raucherleiden:

Raucherlunge: Eine der häufigsten Erkrankungen von starken Tabakkonsumenten ist die Raucherlunge (chronische Bronchitis). Durch die Schadstoffe im Rauch verdicken sich die sensiblen Bronchialwände, und eine übermäßige Schleimproduktion setzt ein – als Reaktion auf die reizenden Schadstoffe. Folge: Der Schleim muss permanent abgehustet werden, der Husten wird immer schlimmer und hartnäckiger. Die Patienten leiden unter Kurzatmigkeit, die Leistung der Lunge sinkt rapide. In besonders schlimmen Fällen werden zahlreiche Lungenbläschen zerstört, was ein Lungenemphysem auslöst, einen lebensgefährlichen Zustand.

Asthma: Bei dieser Überempfindlichkeitsreaktion schwellen die Schleimhäute an, dann zieht sich die Muskulatur der Bronchien und Bronchiolen krampfartig zusammen. Die Lunge kann ihre Arbeit nur bedingt und in Extremfällen gar nicht mehr erfüllen. Ausgelöst werden die Hustenanfälle von verschiedensten Reizen, ein bedeutender Auslöser ist der Zigarettenrauch. Besonders betroffen sind Kinder unter 10 Jahren.

Depressionen: Einen fatalen Effekt das Rauchens auf die Psyche haben amerikanische Spezialisten entdeckt. So haben Raucher ein etwa doppelt so hohes Risiko, an einer schweren Depression zu erkranken. In diesem Zustand greifen die Betroffenen dann auch noch häufiger zur Zigarette, haben die Wissenschaftler beobachtet. »Raucher setzten das Nikotin dann als Therapeutikum gegen ihre Depressionen ein«, meint Studienleiterin Naomi Breslau vom Henry Ford Health System. »Vielleicht finden wir sogar bestimmte Faktoren, die uns eine gemeinsame Prädisposition für das Rauchen und die Depression aufzeigen.« Forscher der Georgetown University sind der gemeinsamen Ursache schon auf der Spur. Sie haben im Erbgut von Rauchern nach dem D4-Rezeptor-Gen Ausschau gehalten, das im Belohnungszentrum des Gehirns eine wichtige Rolle spielt. Raucher, die die Forscher als depressiv einordneten, wiesen eine bestimmte Variante des D4-Rezeptor-Gens besonders häufig auf. Diese Raucher, so schlossen die Forscher, setzen das Nikotin ganz bewusst zur Selbstmedikation ihrer Depressionen ein.

Unfruchtbarkeit: Rauchen reduziert nach Erkenntnissen von Forschern aus Singapur die Anzahl der Spermien im Ejakulat von Männern und kann daher die Fruchtbarkeit einschränken. Die Studie aus Fernost besagt, dass die Zahl der Unfruchtbaren unter rauchenden Männern mit niedriger Spermienzahl sechsmal so hoch war wie bei den Nichtrauchern. Auch bei Frauen hat Tabakkonsum einen äußerst negativen Effekt auf die Empfängnisfähigkeit. So muss mit einer geringeren Produktion von Eizellen gerechnet werden, einer geringeren Befruchtungsrate, mehr Fehlgeburten oder einem geringeren Geburtsgewicht des Kindes.

Parodontose: Nicht genug, dass die Zähne durch den Teerdampf kontinuierlich gebeizt werden. Weil die Abwehrkräfte durch den Chemie-Cocktail permanent geschwächt sind, haben sie sechsmal so häufig unter Zahnfleischentzündungen (Parodontose) zu leiden wie Nichtraucher. Durch das Rauchen einer einzigen Zigarette sinkt die Durchblutung des Kiefers eine Stunde lang um 40 Prozent.

Wundheilung: Die bei Rauchern nur eingeschränkte Durchblutung der Haut verzögert im Notfall auch die Versorgung von Wunden. Dadurch laufen die Heilprozesse bei Verletzungen deutlich langsamer ab als bei Nichtrauchern. So wächst auch die Wunde nach dem Ziehen eines Zahns bei Rauchern wesentlich langsamer zusammen.

Nierenschäden: Rauchen führt zu einer Verengung der Gefäße, einer schlechteren Durchblutung und deshalb zu einer etwa um 30 Prozent eingeschränkten Filterleistung des Organs. Das könnte erklären, warum Nierenerkrankungen bei Rauchern besonders aggressiv verlaufen.

Hautalterung: Keine Sonnenbäder und Solarien, gesunde Ernährung, ausreichend Schlaf und kein Nikotin – so liest sich die Empfehlung von Dermatologen für eine schöne, faltenfreie Haut. Die Auswirkungen von Zigaretten auf unser größtes Organ beschrieb ein Arzt auf einem Hautkongress in Hamburg drastisch: »Starke Raucherinnen werden später am ganzen Körper schrumpelig wie ein Bratapfel oder eine Vorjahreskartoffel.« Denn das Nikotin verengt die Hautgefäße. In der Haut führen die Giftstoffe der Zigarette zu einem Abbau des Eiweißstoffes Elastan, der das Gewebe schützt und stabilisiert, und die Neubildung von Hautzellen wird merklich verlangsamt. Im Extremfall führt jahrelanges, starkes Rauchen zu Gewebeschwund nicht nur im Gesicht. Auf dem Kongress zeigte der Dermatologe die Fotos von zwei 70-jährigen Zwillingsschwestern, wobei eine der beiden ihr Leben lang rauchte, die andere aber nicht. Die Nichtraucherin sah aus wie 60, die Raucherin wirkte jedoch deutlich älter als 70 Jahre. Einige Ärzte führen bei Rauchern keine kosmetischen Operationen im Gesicht durch. »Wer schöner sein will, sollte erst einmal mit dem Rauchen aufhören«, meinte der Mediziner.

»Ich sehe jedem Menschen auf der Straße an, ob er raucht«, sagt der niedergelassene Radiologe Christian Kutschker aus München. »Die Augen, die Haut unter den Augen, die Fältchen, die mehr oder weniger fahle Gesichtsfarbe und die vorzeitig gealterten Hände geben mir dazu die nötigen Hinweise«, erläutert er seinen Röntgenblick für das rauchertypische Erscheinungsbild.

Demenz/Alzheimer: Der Zigarettenkonsum verdoppelt das Risiko für die Alterskrankheiten Demenz und Alzheimer, haben Forscher der holländischen Erasmus-Universität entdeckt. Bei der Untersuchung in einem Rotterdamer Vorort beobachteten die Wissenschaftler 6870 Männer und Frauen, die mindestens 55 Jahre alt waren. Sie fanden heraus, dass bei Rauchern die Gefahr an Demenz zu erkranken 2,2-mal größer war als bei Nichtrauchern. Das Risiko Alzheimer zu bekommen, war 2,3-mal höher.

Kopfschmerzen: Nicht nur Raucher selbst, sondern auch ihre Kinder leiden besonders häufig unter Konzentrationsstörungen und Kopfschmerzen, meldet das Deutsche Krebsforschungszentrum. Zudem werden sie dreimal so häufig von Schlafstörungen geplagt.

Die Typologie der Raucher

Jeder Raucher hat ein ganz persönliches Verhältnis zur Zigarette, dem Habitus von Konsum und Genuss sowie seiner Abhängigkeit vom Nikotin. Ganz individuelle Ursachen gab es für den Beginn der Raucherkarriere. Oft war eine Mischung aus Abenteuerlust und Neugierde die entscheidende Motivation dafür, dass er fortan nicht mehr von der relativ aufwändigen Sucht lassen konnte.

Kaum ein Fünftel der Raucher steht trotz Kosten und gesundheitlicher Folgen zur Sucht (consonant smokers). Der größte Teil der Raucher, je nach Umfrage zwischen 70 und 85 Prozent, möchte lieber heute als morgen aufhören. Diese Menschen leiden ganz offensichtlich unter der Abhängigkeit vom Glimmstängel und haben deshalb eine negative Einstellung zum Rauchen (dissonant smokers).

Wir haben durch zahllose Interviews mit Rauchern und Ex-Rauchern einige Typologien entwickelt, in denen Sie sich wieder finden werden. Vermutlich entdecken Sie, dass gleich mehrere der Beschreibungen oder zumindest Teile auf Sie zutreffen.

Für jeden Rauchertyp haben wir in Abstimmung mit Ärzten und Entwöhnungsspezialisten die größten Hemmnisse bei der Entwöhnung, die für die Rauchergruppe spezifischen Stärken und Chancen, von der Zigarette zu lassen, spezielle Tipps und empfehlenswerte Entwöhnungsstrategien erarbeitet. »Leider fehlt noch der Nachweis, dass es für jeden Rauchertypus auch eine besonders erfolgreiche Therapie gibt«, räumt Peter Lindinger, Psychologe beim Deutschen Krebsforschungszentrum in Heidelberg ein. Durch seine Praxis in der Beratung (Rauchertelefon: 06221-424200) weiß er jedoch, dass es äußerst hilfreich ist, sich mit der eigenen Motivation und Befindlichkeit in der Raucherkarriere auseinander zu setzen. »Raucher denken gerne über sich nach, um herauszubekommen, wo die eigenen Stärken und Schwächen liegen; dafür kann eine solche Typologie gute Dienste leisten.«

> Offenbar gibt es eine im Erbgut verankerte Veranlagung für Nikotinsucht – so genannte Nichtraucher-Gene.

Nach Erkenntnissen kanadischer Forscher spielt auch unser Erbgut für die Affinität zur Sucht eine nicht zu unterschätzende Rolle. Sie entdeckten, dass das Leberenzym CYP2A6 zu 80 Prozent für den Abbau von Nikotin im Körper verantwortlich ist. Bei überzeugten Nichtrauchern fanden sie häufiger Defekte an diesem Baustein im Erbgut – sie sind für die süchtig machende Wirkung des Nikotins nicht erreichbar, weil der Körper die Chemikalie nicht so gut verarbeiten kann wie bei Personen mit fehlerlosem CYP2A6-Gen. »Menschen mit diesem Gendefekt fangen seltener mit dem Rauchen an«, meint Rachel Tyndale von der University of Toronto. Starke Raucher wiesen dagegen besonders aktive CYP2A6-Enzyme auf, was darauf schließen lässt, dass sie mehr Zigaretten benötigen um einen für sie angenehmen Nikotinpegel zu erreichen. So können Forscher nun genetisch feststellen, welche Nikotindosis ein Raucher benötigt.

Eine ähnliche Wirkung hat der Erbgut-Baustein SLC6A3-9. Er ist für den Transport der körpereigenen Genussdroge Dopamin im Gehirn zuständig. Wer eine bestimmte Version dieses Gens in sich trägt, so haben Wissenschaftler der Georgetown University (Washington) festgestellt, ist weniger gefährdet, mit dem Rauchen vor dem 16. Lebensjahr zu beginnen und tut sich später leichter, mit dem Rauchen aufzuhören. Personen mit dem SLC6A3-9-Gen haben nach den Erkenntnissen von Psychologen auch ein geringeres Verlangen nach Abenteuer und permanenten neuen Reizen. »Das deckt sich mit dem Psycho-Profil von Menschen, die mit dem Rauchen Schluss machen können«, meint der Psychologe Dean Hamer. »Wir haben herausgefunden, dass Menschen mit dem SLC6A3-9-Gen mit eineinhalbmal größerer Wahrscheinlichkeit aufhören als Patienten ohne dieses Gen.«

Süchtling

Sie schaffen problemlos einen 1993er Barolo oder eine Flasche Dom Perignon pro Abend im Alleingang? Haben Sie beim letzten Spielbankbesuch Ihre ec-Karte geleert und immer noch nicht vom Roulettetisch lassen können? Brauchen Sie morgens zwei Espressi, damit Sie überhaupt aus den Augen schauen können, und trinken dann mehrmals täglich Kaffee, Cappuccino oder eine Wiener Melange – manchmal einen ganzen Liter der Bohnenbrühe? Zünden Sie sich die erste Zigarette im Bett an und qualmen nicht unter dreißig Stück bis die Sonne wieder untergeht? Wenn Sie mindestens eine der Fragen mit einem eindeutigen »Ja« beantworten konnten, haben Sie zumindest eine Affinität zur Sucht. Sie brauchen täglich Nachschub von Stoffen, die Sie scheinbar glücklich machen. Ihre Glücksspirale im Gehirn funktioniert nur, wenn die anregenden Reize – sei es nun Alkohol, die Spannung eines Roulette-Spiels, Koffein oder Nikotin – permanent geliefert werden. Kommt nichts, fallen Süchtige in den Entzug.

Horst S., 54, der seit über 30 Jahren raucht und sich zu dieser Gruppe zugehörig fühlt, »kann sich ein Leben ohne Zigaretten schlicht nicht mehr vorstellen«. Glimmstängel sind zu einem wichtigen Bestandteil des Lebens geworden: Die Beschaffung, die Vorratshaltung, der Konsum und die Entsorgung von Zigaretten sind eine Konstante in seinem Leben. Egal, wo er ist, wie er sich fühlt, was er tut, »Rauchen gehört immer dazu«.

> Er hustet zwar mehrfarbig, aber er nimmt die Folgen billigend in Kauf.

Obwohl sich der Gymnasiallehrer der gesundheitlichen Folgen bewusst ist, fehlt ihm die Überzeugung, wirklich aufhören zu müssen und es zu können. Er fühlt sich nicht stark genug für den Entzug. »Das habe ich schon häufiger probiert«, sagt er, »aber wenn ich ehrlich bin, waren alle Aktionen eher halbherzig.«

Ihre Abhängigkeit ist »Süchtlingen« durchaus bewusst, sie wird jedoch als schicksalhaft hingenommen. Typisch für die starke Abhängigkeit von der Droge Nikotin ist auch der Umstand, sogar bei grippalen Infekten, Bronchitis oder Nebenhöhlenentzündung weiterzurauchen. »Ich weiß, dass meine Bronchitis bei 30 bis 40 Zigaretten pro Tag kaum abheilen kann«, räumt Horst S. während einer Hustenattacke ein, »aber das nehme ich in Kauf.«

Wer sich zu seiner Sucht bekennt, raucht viel. Es können

zwei, drei oder vier Päckchen sein. Oft ist die Nikotinsucht mit einer oder mehreren anderen Abhängigkeiten verknüpft.

Größtes Entzugsproblem: Extrem starke stoffliche Abhängigkeit des Körpers von der Droge Nikotin, der Ärzte ein ähnliches Suchtpotential wie dem Heroin zuschreiben. Angst vor körperlichen Leiden beim Entzug.

Chance: Mit ärztlicher, psychologischer und medikamentöser Hilfe ist der Entzug heute viel leichter, als Sie denken.

Besonders geeignete Entwöhnungsmethode: Zigaretten-Diät (als Vorbereitung auf Do-it-yourself-Methode mit Nikotin-Ersatz), ambulante Entwöhnungskurse, Verhaltenstherapie, Akupunktur.

Tipp: Nehmen Sie professionelle Hilfe in Anspruch. Bereiten Sie sich schon jetzt mental auf das Leben ohne Zigarette vor. Sie werden gesünder, leistungsfähiger sein und mehr Zeit haben.

Genießer

Wer seinen Durst mit edlem Wein löscht, zum selbst gemachten Tiramisu nur feinsten Darjeeling-Tee trinkt und ausschließlich mit kalt gepresstem Olivenöl kocht, ist ein Genießer. Oder kennen Sie gar die Namen von drei römischen Trattorias, die selbst gemachte Fettuccine mit Trüffel anbieten? Diese Menschen wollen alle kulinarischen Verlockungen der Welt kennen lernen, sie investieren Zeit und Geld, um ihre Geschmacks- und Geruchsnerven mit ausgewählten Aromen zu verwöhnen. Und die Zigarette gehört immer dazu, Tabak ist die letzte Station eines jeden Menüs. »Dazu gehört manchmal ein italienischer Cappuccino, eine Sachertorte und eine gepflegte Zigarette«, beschreibt Markus K., 39, die nachmittäglichen Glücksmomente. »Ich lasse mir, auch wenn ich im Büro bin, Zeit, schlürfe den Kaffee und paffe.«

> Wie gut wohl ein Zigarette schmeckt, die von einem 500 Euro teuren Feuerzeug angezündet wurde?

Gerne geben Genießer auch etwas mehr für ihre Zigaretten aus, rauchen mitunter Edelfluppen mit ausgesuchtem Tabak oder leisten sich teure Rauch-Accessoires.

In einem holländischen Antiquitätenladen hat Marcus K. sein Feuerzeug erstanden, es ist aus 750er Gold und mit einem Rubin besetzt. »Da kommt doch jedes Mal Freude auf, wenn ich mir eine anzünde«, rechtfertigt der Journalist den Kaufpreis von »über fünfhundert Euro«. Der Genießer krönt Speisen, Getränke oder den Sex mit der Zigarette »danach«. Sie ist das Highlight nach dem Höhepunkt. Meist sind Genießer mittelschwere Raucher, eine Packung pro Tag »ist doch nicht so schlimm«, heißt es dann. Bei feierlichen Anlässen können aber auch zwei Päckchen daraus werden, mitunter greifen sie zu Zigarillos, Zigarren oder Pfeife. Die Affinität zur Sucht ist auch bei Genießern relativ hoch, nur kaschieren sie ihre körperliche Abhängigkeit durch die vermeintliche Leichtigkeit des Genusses. Sie realisieren die Gefahr nicht, sondern verstecken ihre Abhängigkeit vom Nikotin hinter der ungefährlichen Attraktivität der Genussmittel und Lifestyle-Produkte.

Größtes Entzugsproblem: Realisieren der Sucht. Weil die Zigarette ein Synonym für Genuss und Wohlbefinden ist, erscheint ein Leben ohne Nikotin freudlos und wenig erstrebenswert. Verzicht verärgert, der Zugang zum Wohlgefühl erscheint blockiert.

Chance: Entdecken Sie, wie scheußlich Zigaretten schmecken! Vergleichen Sie den scharfen Tabak-Geschmack mit wirklichen Genüssen. Nutzen Sie Ihre Talente, sich das Leben mit kreativen Ideen zu verschönern!

Besonders geeignete Entwöhnungsmethoden: Nikotinersatz, Verhaltenstherapie, Allen-Carr-Kurse, Akupunktur, Do-it-yourself-Methode, Bibliotherapie.

Tipp: Zur Vorbereitung auf das Leben ohne Zigaretten gehört die Suche nach neuen Genüssen: ein asiatischer Kochkurs, Massage, Sauna, Musik, neue Laufschuhe zum Joggen.

Schlankheitsraucher

Kate Moss hat eigentlich immer eine Kippe im Mundwinkel, manchmal darf sie sogar bei der Arbeit rauchen und flaniert qualmend über den Laufsteg. Das Model raucht nicht nur, weil es schmeckt, sie hat die Zigarette als Kalorienbremse entdeckt. Wer viel raucht, kann den Appetit zügeln. Die Zigaretteninhaltsstoffe kurbeln den Stoffumsatz an – weniger Kalorien bleiben an den Hüften hängen. Und weil Raucher unregelmäßiger als Nichtraucher essen, überlisten sie das Hungergefühl. Außerdem haben viele Raucher und Raucherinnen entdeckt, wie unerbittlich die Waage reagiert, wenn sie ihre Sucht in den Griff bekommen: Schnell senkt der von der Hungerbremse befreite Körper seinen Stoffumsatz auf Normalniveau, etwa 200 Kilokalorien am Tag werden in Fettpölsterchen gespeichert. Der frische Nichtraucher »kommt locker auf ein Pfund Gewichtszunahme pro Woche«, weiß Peter Lindinger vom Deutschen Krebsforschungszentrum in Heidelberg.

> Lieber schlank und krank als Nichtraucher mit leicht erhöhtem Abfluggewicht?

Was für Kate Moss das Ende der Karriere bedeutet, ist für alle Nicht-Models aber auch mit Nachteilen verbunden: Die Kleider passen nicht mehr, und manchmal muss man sich noch doppeldeutige Komplimente gefallen lassen: »Siehst ja richtig gesund aus, seit du zu rauchen aufgehört hast – so schön füllig im Gesicht!« Allzu oft sind diese Anschläge auf das Selbstbewusstsein der Grund, wieder zur Zigarette zu greifen, getreu dem Motto: Lieber ein schlanker Raucher als ein leidender Mops!

Hans G. hat bei seinem letzten Abstinenzversuch fünf Kilo zugelegt und hat trotz seines Rückfalls sein Ursprungsgewicht nicht erreicht. »Es wird wohl noch einige Monate dauern, bis ich wieder bei 85 Kilo bin«, gibt sich der Musiker dem Schicksal hin. Aber die Gewichtszunahme war nicht der alleinige Grund, wieder anzufangen. »Auch die schlechte Vorbereitung auf den Entzug«, erzählt er. »Wenn ich mit dem Gewicht zufrieden bin, versuche ich es noch mal, dann aber gleich mit Sport.«

Diätraucher greifen konsequent und oft zur Zigarette, unter zwanzig Stück ist der Appetit meist nicht zu bremsen. Entsprechend groß ist das Suchtpotential ihrer Droge. Zur stofflichen Sucht kommt der psychologische Druck wegen des schlechten Körpergefühls und der drohenden Minderwertigkeitskomplexe nach der Zigarettenentwöhnung.

Größtes Problem bei der Entwöhnung: Abhängigkeit vom Nikotin, Wiederherstellung eines positiven Körperbewusstseins.

Chance: Langfristig verspricht das Leben ohne Zigarette auch in puncto Schönheit nur Vorteile: Figur, Haut, Zähne, Duft und Fitness profitieren vom Entzug.

Besonders geeignete Entwöhnungsmethoden: »Do-it-yourself-Methode« (ggf. mit Nikotinersatz), Allen-Carr-Kurse, Verhaltenstherapie, Beratung durch Arzt/Psychologen hilfreich.

Tipp: Durch regelmäßigen Sport lässt sich die Gewichtszunahme meist völlig reduzieren. Nicht jeder nimmt automatisch zu.

Hektiker

Für Menschen mit einer inneren Unruhe bewegt sich der Rest der Welt zu langsam. Hektiker denken, reden oder gehen schnell durch den Tag. Sie legen ein extrem hohes Tempo vor, sehen aber nicht, dass sie vor lauter Aktionismus kaum vom Fleck kommen. Jeder Kontakt mit der normal getakteten Umwelt führt zu kleinen Katastrophen. Entweder haben Hektiker kein Gefühl für Qualität, Genuss oder Gefühle, sie verzetteln sich wegen ihrer Geschwindigkeit oder der Plan, den sie hatten, geht einfach nicht auf, weil sie Arbeit an die nicht-synchronisierte Umwelt nicht delegieren können. »Ich kann es gar nicht mit ansehen, wie der Kollege den Mörtel anrührt«, bekennt Harald M., ein 52-jähriger Bauarbeiter. »Das macht mich schon nervös, wie der die Schaufel hält.« Oft stecken Hektiker ihr Umfeld an, manchmal ohne Grund, denn niemand außer ihnen verliert den Faden oder gerät gar in Panik.

> Er ist immer entsetzt, wenn er bemerkt, dass zwei Zigaretten gleichzeitig brennen.

Dieser infizierte Lebensraum lässt sich oft nur durch konsequenten Drogenkonsum ertragen – viele Hektiker sind manische Raucher. So wie sie ihr Leben meistern, so konsumieren Hektiker auch ihre Zigaretten: schnell, hastig, ohne Genuss, ohne Plan, ohne Rücksicht auf die Umwelt. Sie zünden sich eine an, während sie telefonieren, gleichzeitig versuchen an der Kaffeetasse zu schlürfen und sich das Sakko anzuziehen, weil sie bereits verspätet sind. Sie drücken den Glimmstängel nach zwei kurzen Zügen wieder aus oder zünden sich nervös eine weitere Zigarette an, obwohl bereits eine im Aschenbecher glimmt und der Rauch der vorletzten Zigarette noch nicht verflogen ist. »Ich bin immer entsetzt, wenn ich feststelle, dass zwei Zigaretten brennen«, erzählt Johann J., ein 45-jähriger Börsenexperte. »Aber wenn ich alle Kurse auf den Monitoren verfolge und währenddessen mehrere Kunden in der Leitung habe, bin ich wie im Rausch.«

Die Zigarette ist ihr ständiger Begleiter auf dem Hochgeschwindigkeitstrip durch den Tag. So kommen typische Hektiker oft auf atemberaubende 80, 90 oder gar über 100 Zigaretten pro Tag – viele werden jedoch nicht zu Ende geraucht. Die Nikotinsucht ist hektischen Menschen durchaus bewusst, sie haken das Thema aber genauso schnell ab wie alle anderen Tagesordnungspunkte.

Größtes Problem bei der Entwöhnung: Abhängigkeit vom Nikotin, die Vorstellung, ohne permanente Glut am Finger aufzustehen, zu arbeiten, zu organisieren und fernzusehen, fällt ihnen schwer. Es würde das einzig konstant beruhigende Element fehlen – eine brennende Zigarette in der Hand.

Chance: Wenn Sie den trügerischen Freund, die Zigarette, aus Ihrem Leben verbannen, haben Sie mehr Zeit, die Ursachen für Ihren aufreibenden Alltag zu finden, ihn neu zu ordnen und wirkliche Entspannung zu finden.

Besonders geeignete Entwöhnungsmethoden: Zigaretten-Diät (als Vorbereitung auf die Do-it-yourself-Methode mit Nikotin-Ersatz), Nichtraucherseminar, Allen-Carr-Kurse, begleitend autogenes Training oder Entspannungstechniken.

Tipp: Suchen Sie für Mund und Hände eine entspannende Alternativbeschäftigung, z.B. zuckerfreie Kaugummis, Murmeln, Kugelschreiber. Putzen Sie sich die Zähne, essen Sie ein scharfes Pfefferminzbonbon.

Stressraucher

Wer morgens schon mit dem dumpfen Gefühl erwacht: zwei Kinder in die Schule, eines in die Krippe bringen, dann Kundenmeeting um 8.30 Uhr, Friseur um zehn, Lunch mit Brigitte, und dann muss aber noch die komplette Firmenbroschüre umgeschrieben werden, bevor der Kindergarten schließt, der ist ein

Opfer seines gnadenlosen Zeitplans, ein Gequälter des Alltags. Wenn Sie den Stress nur in permanenter Begleitung einer Zigarette ertragen und sich gar nicht vorstellen können, unter der Trockenhaube, am Autosteuer oder PC ohne Kippe zu sitzen, dann sind Sie ein typischer Stressraucher. Sie kommen zwar mit Ihrer Fingerfertigkeit an natürliche Grenzen beim Versuch, während eines Handy-Telefonats sich eine neue Zigarette anzuzünden, aber ist dies ein Grund, sich den nächsten Lungenzug zu versagen oder gar gänzlich von der Fluppe zu lassen? Niemals!

Erich J., einem quirligen 40-jährigen PR-Fachmann, ist der Stress bereits auf den Magen geschlagen. Obwohl er fast wöchentlich über ein Zwicken und Drücken im Verdauungstrakt klagt, war die Zigarette über zehn Jahre lang die einzige »Therapie«, die er sich gegönnt hat, um nicht von Terminen und zwischenmenschlichen Belastungen erdrückt zu werden. Erst der Kinderwunsch seiner Frau lässt ihn nun über eine Rauchentwöhnung nachdenken. »Da habe ich zum ersten Mal einen triftigen Grund aufzuhören.«

> Manchmal ist die Zigarette der letzte Rest von Lust und Genuss im Leben.

Stressraucher ziehen sich eine Zigarette nach der nächsten rein, oft rauchen sie unbewusst, nehmen das Auspacken, Anzünden, Rauchen und Ausdrücken des Stummels gar nicht wahr. Erst der Entzug ihrer Droge offenbart ihnen die Bedeutung ihrer rituellen Handlung und die körperliche Abhängigkeit. Stressraucher würden gerne genießen, sind aber wegen ihres Naturells oder ihrer Alltagsbelastung nicht geneigt, sich den Rauch wirklich lustvoll in die Lunge zu saugen. Vielmehr ist die Zigarette der letzte Rest vom Wunsch nach Genuss und Wohlgefühl. Jedes noch so banale Ereignis wird mit einer Zigarette gekrönt, so als könnte man ein lange aufgeschobenes Telefonat mit dem Versicherungsmakler zum Vergnügen veredeln, nur weil man raucht.

Deshalb sind Stressraucher extrem suchtgefährdet, sie wissen meist nicht, wie viele Zigaretten sie täglich konsumieren, zählen nur die Stangen, die sie kaufen. Deshalb sind 30 bis 50 Zigaretten pro Tag oft die Untergrenze. Wegen ihres ungesunden Lebenswandels und der offensichtlichen körperlichen Belastung leiden Stressraucher besonders unter den Folgen des Nikotinkonsums.

Größtes Entzugsproblem: Abhängigkeit vom Nikotin, weil der Alltag scheinbar nur mit Kippe erträglich ist, muss es »ohne« die Hölle sein – es fehlt das vermeintliche Therapeutikum.

Chance: Die Zigarette bekämpft nicht die Ursachen des Stress. Sie scheint nur die Folgen erträglicher zu gestalten – keine langfristige Lösung!

Besonders geeignete Entwöhnungsmethoden: Do-it-yourself-Methode mit Nikotin-Ersatz, ambulante Raucherentwöhnung kombiniert mit Anti-Stress-Training, Akupunktur.

Tipp: Den Stress bekommen Sie sicherlich besser in den Griff, wenn Sie Ihren Körper nach der Trennung von der Zigarette durch Laufen, Schwimmen oder Radfahren stählen. Sport kompensiert Stress hervorragend – auch im Sinne von »abreagieren«. Für Sie ist eine Entwöhnung im Urlaub besonders Erfolg versprechend.

Gelegenheitsraucher

»Ich habe richtig Lust, mir eine anzuzünden«, sagt Evelyn P. im Kreise einiger Freunde beim Essen. Zwei ihrer Bekannten drehen sich verdutzt zu ihr hin und entgegnen unisono: »Wir wussten gar nicht, dass du rauchst.« »Na ja«, gibt sie zum Besten, »ich habe auch wirklich schon lange nicht mehr geraucht. Ist bestimmt vier Wochen her.«

Evelyn verkörpert das, was vielen Rauchern als Traum vorschwebt: Wenn einen die Lust überkommt, eine oder auch zwei Zigaretten zu genießen und dann tage- oder gar wochenlang abstinent zu bleiben. Nur gelingt es den wenigsten Menschen, sich dem Sog des Nikotins zu entziehen und immer in sicherer Entfernung zur Sucht zu bleiben. Gelegenheitsraucher haben meist kein körperliches Verlangen nach Zigaretten, sondern immer die volle Kontrolle über das Genuss- und Suchtmittel – glauben sie zumindest.

Martin K., der elf Jahre lang konsequent rauchte und seit über 15 Jahren clean ist, kann nun ab und zu wieder eine Zigarette rauchen. »Ich bin mir nach sieben bis acht Jahren Abstinenz einfach sicher gewesen, dass ich nie mehr der Sucht verfalle. Deshalb kann ich jetzt gelegentlich zugreifen, zum Beispiel, wenn ich ein bisschen zu viel gegessen oder Alkohol getrunken habe. Aber ich schnorre immer, weil ich mir nie wieder eine Packung kaufen werde.«

> Im Herbst und im Winter sind die Raucherwochen, im Sommer interessiert sie sich nicht für Zigaretten.

Häufiger sind Fälle, in denen Gelegenheitsraucher Phasen hohen Zigarettenkonsums durchleben. »Immer wenn ich Stress im Büro habe«, erzählt Gaby M., eine 42-jährige Verlagskauffrau, »dann verliere ich alle Hemmungen. Meist im Herbst und Winter habe ich Raucherwochen, im Sommer reizt mich das kaum.«

Ein Restrisiko, der Sucht anheim zu fallen, bleibt jedoch bei vielen Gelegenheitsrauchern. Schließlich haben die meisten Raucherkarrieren mit gelegentlichen Zügen am Glimmstängel begonnen. Deshalb darf das Suchtrisiko auch nicht unterschätzt werden. Zudem haben Gelegenheitsraucher für den nicht rauchenden Nachwuchs eine fragwürdige Vorbildfunktion (Genießen ohne Gefahr), denn nur wenige Menschen haben die körperlich-seelische Veranlagung und Willensstärke, so konsequent mit dem Nikotinlieferanten umzugehen.

Größtes Problem bei der Entwöhnung: Oft fehlt es an der Einsicht, endgültig aufhören zu wollen, die letzte Zigarette des Lebens zu rauchen.

Chance: Sie spüren die süchtig machende Wirkung des Nikotins kaum. Diese Chance haben nur sehr wenige. Ihnen dürfte die völlige Abstinenz vergleichsweise leicht fallen.

Besonders geeignete Entwöhnungsmethoden: Do-it-yourself-Methode, Akupunktur, Bibliotherapie.

Tipp: Akzeptieren Sie Ihre Rückfälle nicht mehr. Die nächste leichtfertig angezündete Zigarette ist die Fortsetzung Ihrer Leidensgeschichte.

Mitraucher

Erinnern Sie sich noch an Ihre erste Zigarette? Eine Zeit lang haben Sie vermutlich den Älteren zugesehen, wie sie sich stolz Zigaretten anzündeten, vor der Schule, im Freibad oder irgendwo versteckt in Wald und Flur. Vielleicht fanden Sie es zunächst sogar abstoßend wegen des Gestanks, aber spannend, weil es ja verboten war. Irgendwann wuchs die Neugier, es musste ja was dran sein, wenn's alle machten. Und Sie griffen auch zu, natürlich geschnorrt. Dann das erste eigene Päckchen, andere schnorrten jetzt von Ihnen, Sie gehörten dazu.

»Ich weiß noch genau, wie wohltuend das Gefühl war, bei den Rauchern dabei zu sein, zu wissen wie es schmeckt, nicht mehr bei jedem Lungenzug zu husten«, erzählt Markus P., der in den 70er Jahren anfing, »mit Mentholzigaretten«, wie er sich mit Grausen erinnert. Dieses Gruppen-Feeling, das sich bei Rauchern einstellt, ist historisch mit der Geschichte des Tabaks verbunden, wurde er doch ursprünglich bei Zeremonien im südlichen Amerika gereicht. Viele Menschen rauchen sogar bevorzugt in Gruppen, abends in Kneipen, im Raucherzimmer der Schule oder auf Partys, während die Lust, allein zu rauchen, selten aufkommt.

> Rauchen sorgt immer für eine gemütliche Atmosphäre in der Gruppe.

»Ich lasse mich gerne dazu verführen«, bekennt Christina E., eine 40-jährige Beamtin. Den ganzen Tag über verliert sie keinen Gedanken an Zigaretten, Nikotin und Rauch, aber sobald sie sich im Kreise von Rauchern befindet, kommt das Verlangen. Ist sie bei Nichtrauchern zum Essen eingeladen, würde ihr nicht einfallen zu rauchen. Doch schon beim ersten Schluck Wein mit ihrer rauchenden Freundin greift sie in ihre Handtasche und garniert den Alkohol mit einer Prise Nikotin. »Es ist so gemütlich und erzeugt ganz automatisch eine angenehme Gesprächsatmosphäre«, beschreibt Christina E. die Gruppendynamik der modernen Rauchzeremonie.

Weil Gesellschafts- oder Mitraucher meist nur abends oder in Pausen rauchen, hält sich ihr Zigarettenkonsum in Grenzen. Ein Päckchen pro Tag wird oft nicht erreicht, manchmal sind es nur fünf oder zehn.

Die Suchtaffinität der Mitraucher liegt scheinbar nicht so hoch wie bei den meisten Dauerqualmern. Statt einer rein stofflichen Abhängigkeit vom Nikotin löst bei ihnen die rituelle Handlung und Konditionierung in der Gruppe den Reiz aus, jetzt eine Zigarette rauchen zu wollen.

Größtes Problem bei der Entwöhnung: Gleichwertigen Ersatz finden für das Wohlgefühl in der Rauchergesellschaft.

Chance: Sie haben oft genug bewiesen, dass es auch ohne Zigarette geht. Ihre Abhängigkeit vom Nikotin ist eher gering, und das ist ein großer Vorteil bei der Entwöhnung.

Besonders geeignete Entwöhnungsmethoden: Do-it-yourself-Methode mit Nikotinersatz, Allen-Carr-Kurse, Bibliotherapie.

Tipp: Durch entsprechende Auswahl der Orte und der Personen, mit denen Sie die ersten Abende verbringen, können Sie die Rückfallgefahr enorm senken.

Individualist

Früher konnte man Individualisten leicht an der Automarke erkennen. Wer einen Citroen 2CV fuhr, tat dies aus innerer Überzeugung, Sparsamkeit und Zuneigung zu diesem Vehikel. Es hat bessere Autos gegeben, aber wenn nur dieses zu einem passte, warum sollte man einen langweiligen Opel Kadett fahren?

Ähnliche Persönlichkeitsausprägungen finden sich bei Rauchern: Das Identifizieren mit einem Kamel, dem Cowboyimage oder einer Edelmarke steuern seit jeher den Griff ins Zigarettenregal. Und dann gibt's noch die Selbstdreher, die oftmals in einem 2CV anzutreffen waren.

Viele Raucher haben über bestimmte Marken hinaus den Zigarettenkonsum zum Ausdruck ihrer Individualität erhoben.

»Rauchen war schon immer ein Teil meines Lebensstils«, sagt Gerhard F., ein pensionierter Manager. Und seit das Nichtrauchen mit seinen positiven Attributen so in Mode gekommen ist und zeitgemäß erscheint, fühlt sich mancher Raucher einer Avantgarde zugehörig. »Ich weiß zwar, dass es mir schadet«, räumt Gerhard F. ein, »aber diese spezielle Art des Genusses gehört zu mir, auch wenn viele rationale Gründe dagegen sprechen. Ich will rauchen. Es müsste schon ein Arzt kommen und sagen: Jetzt ist Schluss, mein Freund.«

> Er weiß zwar, dass Rauchen seiner Gesundheit schadet, aber dieser Genuss gehört zu ihm.

Individualisten drücken ihre spezielle Eigenart gern in vielen Dimensionen aus. Sie tragen Kleidung, die entweder retromodern oder besonders zukunftsorientiert ist, kennen sich in Freejazz aus, legen sich in ihrer Freizeit gerne unter ihr hölzernes Segelboot, das sie aufwändig restaurieren oder ecken einfach gerne mit ihren Ideen in Gesprächen an. Entsprechend auffällig ist ihre Erscheinung. Man nimmt ihnen die Extravaganz nicht übel, sondern lädt sie gerne ein – sie bereichern jede Essenseinladung. Nur wenn sie bereits nach der Vorspeise schon wieder in der Tasche nesteln, um sich eine Zigarette zu drehen und damit die Luft verpesten, rümpfen vielleicht einige die Nase. Nichtraucher sind ihnen ohnehin suspekt. Deren messianisches Sendungsbewusstsein finden Individualisten geradezu naiv.

Ihr Zigarettenkonsum bewegt sich meist auf höherem Niveau; wer sich über einen Konsumartikel definiert, spart nicht unbedingt im Gebrauch. So liegt das Suchtpotenzial von Individualisten oft sehr hoch.

Größtes Problem bei der Entwöhnung: Abhängigkeit vom Nikotin. Sie dürften ein hartnäckiger Kandidat sein, weil Ihnen die innere Überzeugung zum Aufhören noch fehlt. Der Leidensdruck ist anscheinend noch nicht groß genug. Aber durch bessere Information über die drastischen persönlichen Folgen könnte es gelingen – oder durch einen einfühlsamen Partner.

Chance: Wer kann seine Gesundheit langfristig so vernachlässigen, obwohl er sich so viele Gedanken um das persönliche Wohlbefinden und Image macht? Versuchen Sie, Ihr starkes Ego auf die Gesundheit zu konzentrieren.

Besonders geeignete Entwöhnungsmethoden: Do-it-yourself-Methode mit Nikotinersatz, Allen-Carr-Kurse, Akupunktur, Bibliotherapie.

Tipp: Sie werden ein neues persönliches Ideal finden, auch ohne Zigarette – probieren Sie es mit einer neuen Leidenschaft (Schwarzweiß-Fotografie) oder ausgefallenen Sportart, z.B. Sport-Rudern oder Schach.

Protestraucher

»Als mir mein Freund neulich wieder Vorhaltungen machte, dass ich heute schon das zweite Päckchen aufgemacht habe, musste ich sofort zur Zigarette greifen«, erzählt Anna S., eine 35-jährige Münchnerin. »Das war wie ein Reflex. Mich regt das jedes Mal so auf, wenn er mich auf meinen Zigarettenkonsum, den vollen Aschenbecher oder den Tabakgeruch anspricht. Als Trotzreaktion zünde ich mir dann gleich eine an, das hilft.«

Ein nervender Partner, nörgelnde Kollegen im Büro oder die Drohungen der Eltern geben vielen Menschen erst den nötigen Kick, ihrer Sucht zu frönen. Oder erste Erfahrungen mit dem Tabak zu vertiefen, wie es für Kinder ganz typisch ist. Sie erkennen im Nichtbeachten des Verbots einen gewissen Reiz und greifen immer wieder zur Zigarette, so lange, bis sich der Konsum nicht mehr verheimlichen lässt. Hat nicht auch Ihre Raucherkarriere so ähnlich begonnen? Denn fast jeder jugendliche Neuraucher ist auch ein Protestraucher. Gegen den Rat und die wohl formulierten Argumente der Eltern greifen die meisten Kinder zur Zigarette. Ein bisschen Protest gegen die Welt der Alten bläst der Nachwuchs mit jedem Lungenzug hinaus.

> Ich habe einfach keinen Bock, mich der Nichtraucher-Mehrheit zu beugen!

Viele Erwachsene, die in einem raucherfeindlichen Umfeld leben und/oder arbeiten, sind nun permanenter Kritik, schnippischen Bemerkungen oder gar Ausgrenzungen ausgesetzt. »Es nervt mich schon, dass ich nicht am Arbeitsplatz rauchen kann. Ich wäre bestimmt kreativer, wenn ich dort qualmen dürfte. Aber so muss ich aufstehen, alles liegen lassen und in den Gang oder auf den Balkon gehen«, sagt Anna, die seit über zehn Jahren raucht und derzeit kaum Möglichkeiten sieht, den Konsum einzuschränken oder gar einzustellen.

Protestraucher wollen sich nicht den Regeln der Nichtrauchermehrheit beugen, sie tun sich wegen ihrer offensichtlich starken Abhängigkeit von der Droge schwer mit dieser Konvention. Wird das Thema nicht sachlich diskutiert und eine einvernehmliche Lösung erreicht (Fensterplatz mit Abzugsmöglichkeit, eigenes Arbeitszimmer oder Rauchverbot im Schlafzimmer), dann igeln sich manche Raucher in ihrer Not ein oder reagieren ihren Frust mit demonstrativen Rauchschwaden ab. Protestraucher haben eine sehr hohe Affinität zur Sucht und zählen meist zu den starken bis sehr starken Rauchern. Über 40 Zigaretten sind keine Seltenheit. »Davon kann ich vielleicht fünf am Tag genießen«, erzählt Anna. Die restlichen zieht sie sich einfach so rein, weil es sonst in den Fingern kribbelt.

Größtes Entzugsproblem: Abhängigkeit vom Nikotin. Protestrauchern fehlt der Antrieb aufzuhören. Die Abhängigkeit ist stark, und sie haben sich als qualmender Außenseiter definiert.

Chance: Sie bekämpfen die Folgen Ihrer Sucht mit Ihrer Sucht. Durchbrechen Sie die negative Spirale, und bereiten Sie Ihren Ausstieg sorgsam vor. Es wird leichter, als Sie sich das derzeit vorstellen können. Ein Leben ohne Zigarette wird Ihr Leben enorm entstressen und die Lebensqualität erhöhen.

Besonders geeignete Entwöhnungsmethoden: Do-it-yourself-Methode, Allen-Carr-Kurse, Verhaltenstherapie in der Gruppe.

Tipp: Sprechen Sie mit Ihrem Partner und den Kollegen über Ihren Zigarettenkonsum – was würden die von einem Ausstieg Ihrerseits halten? Suchen Sie nach erstrebenswerten Zielen in einer Nichtraucherzukunft: Endlich kein Außenseiter mehr sein, nie wieder auf den Balkon!

Mark-Twain-Typ

Ähnlich wie die bemitleidenswerten Zeitgenossen, die ihr Leben als permanente Diät betrachten und nur von einer kulinarischen Entsagung zum nächsten Kalorienexzess lustwandeln, so findet sich unter den Rauchern ein ebensolcher Menschenschlag: Wer seine Raucherkarriere schon 10, 15, 20 oder noch viele Male öfter unterbrochen hat mit dem festen Willen, »jetzt endgültig aufzuhören« und dann doch wieder an der Kippe hängt, ist ein Mark-Twain-Typ. Sich von der Zigarette zu trennen, so befand der Schriftsteller bekanntlich, sei die einfachste Sache der Welt, schließlich habe er schon hundertmal aufgehört. Menschen, die so optimistisch ihre dauernden Niederlagen interpretieren, haben entweder Galgenhumor oder ein unerschütterliches Selbstbewusstsein. Denn eigentlich ist das Selbstwertgefühl einer Berg- und Talfahrt ausgesetzt – in den ersten Tagen des Entzugs himmelhoch, und beim Rückfall kaum über Meereshöhe.

> Der Rückfall kam, als sie ein Souvenir im Urlaubskoffer entdeckte.

Wer immerfort aufhört und wieder anfängt, hat sich geistig und rational längst von der Zigarette verabschiedet. Die Sucht ist ihm (oder ihr) ein Gräuel, und den gesundheitlichen Folgen will man durch den Entzug entgehen. Doch körperlich ist die Suchtwirkung noch stärker als der Wille. Oder die mit dem Rauchen verbundenen Angewohnheiten und Annehmlichkeiten der Vergangenheit schlagen durch und sorgen für die nächste Niederlage. Durch irgendwelche Zufälle oder unglücklichen Umstände kommt es nach Tagen, Wochen und Monaten wieder zum Rückfall.

»Am schlimmsten war der Rückfall vor zwei Jahren«, berichtet Marion, eine 32-jährige Verkäuferin. Nachdem ihr zum wiederholten Male der Zigarettenentzug für mehrere Monate gelungen war (»wie immer mit der ›Do-it-yourself-Methode‹«, wie sie stolz erzählt), brach das Unglück an einem düsteren Novembertag gleich doppelt über sie herein. Beim Hausputz ihres Single-Appartements fand sie im Reisekoffer ein Erinnerungsstück an ihren letzten Freund, einen herzförmigen Kieselstein, den er ihr im Sommerurlaub geschenkt hatte. Gleich daneben im Koffer lag noch eine übrig gebliebene Schachtel Zigaretten. »Unsere gemeinsame Lieblingsmarke«, erinnert sie sich.

Anstatt das Souvenir zu entsorgen, riss sie die Packung auf, steckte sich eine italienische Fluppe an und entschwand für Sekunden in Nostalgie. Der Nimbus war abermals gebrochen. Doch schon drei Wochen später sollte der nächste Entzugsversuch folgen. »Diesmal«, so ist sich Marion sicher, »schaffe ich's bestimmt. Mein neuer Freund ist auch Nichtraucher.«

Größtes Entzugsproblem: Durch den andauernden Jojo-Effekt von Entzug und Rückfall ist das Selbstbewusstsein, den Entzug diesmal endgültig zu schaffen, stark gebeutelt.

Chance: Mark-Twain-Typen haben sich längst vom Raucherimage befreit. Sie wollen aufhören, haben es ja bereits oft genug bewiesen.

Besonders geeignete Entwöhnungsmethoden: Do-it-yourself-Methode mit Nikotinersatz, Bibliotherapie.

Tipp: Analysieren Sie die Gründe und Ursachen Ihrer Rückfälle. Beziehen Sie die Erkenntnis in den nächsten Entzug ein. Setzen Sie sich weniger Stressfaktoren aus, machen Sie sich's so leicht wie möglich. »Oft sind falsche oder überhöhte Erwartungen an den Ausstieg ein Hauptgrund für den Rückfall«, hat Peter Lindinger vom Deutschen Krebsforschungszentrum festgestellt.

Neueste Forschungsergebnisse: Das wirklich fatale am Zigarattenkonsum ist, dass er doppelt süchtig macht. Das Nikotin manipuliert das Gehirn und sorgt für den sogenannten Suchtdruck. Zusätzlich erzeugt das Ritual des Rauchens eine psychische Abhängigkeit (assoziierte Reize, Schlüsselreize), die Raucher »anturnen«. So reicht das Klicken eines Feuerzeugs oder der Anblick eines Zigaretten-Automaten, um die Lust auf eine Zigarette auszulösen.

Die erfolgreiche Do-it-yourself-Methode

Der Ausstiegs-Fahrplan: Werden Sie stärker als die Sucht!

Alle Suchtexperten wissen, dass auch die besten Argumente gegen das Rauchen nicht ausreichen, um jemanden von seinem Suchtmittel zu befreien. Man kann einen Heroinsüchtigen nicht zum Aufhören überreden, bei einem Trinker wird das fromme Bitten, von der Flasche zu lassen, verhallen und ein Raucher wird nicht von der Droge lassen, weil ihn die Banderole an der Zigarettenpackung »Rauchen gefährdet die Gesundheit« plötzlich überzeugt.

Nikotin ist von seiner Suchtwirkung mit den schlimmsten Drogen vergleichbar und die Abhängigkeit muss deshalb genauso ernst genommen werden. In jeder Lungen-Fachklinik sieht man Patienten, die dank Lungenkrebs dem Tode geweiht, trotzdem weiter rauchen. Nikotin kann Menschen vorsätzlich in den Tod treiben, wider besseres Wissen. Die Sucht ist, wenn man sie nicht offensiv bekämpft, stärker als der Verstand.

Für viele Menschen scheint das ganze Glück des Lebens an der Zigarette zu hängen – das ist die große Lüge aller Drogen. Die Suchtwirkung gaukelt vor, aus Genuss und Freude am guten Geschmack zu rauchen. Wenn man sich daran erinnert, wie eklig die erste Zigarette schmeckte, wird klar, dass Geschmack der noch nicht durch die dauernde Giftdusche beeinträchtigt war. Tabak schmeckt in Wirklichkeit scheußlich!

Die großen Zigarettenlügen

- Sie schmecken,
- man raucht aus Spaß, nicht aus starkem Suchtverlangen,
- Zigaretten sind nicht tödlich, sondern allenfalls »gesundheitsgefährdend«!

Jeder Süchtige hat auch vor der ersten Zigarette ganz fröhlich gelebt und jeden Genuss, den man mit dem Rauchen verbindet, macht auch ohne Zigaretten Spaß. Das ist ein erster Schritt, um die Allmacht der Droge zu brechen: Stellen Sie sich alle Dinge, die Sie momentan mit Zigaretten-Genuß verbinden, *ohne* vor: Kaffee, Alkohol, eine Sahnetorte oder Sex. All das – man glaubt es als süchtiger Raucher kaum mehr – bereitet auch ohne Zigaretten großes Vergnügen!

Argumente helfen nicht, aber Gefühle: Deshalb müssen Sie dem völlig irrationalen Verlangen, das sich als großer Belohnungskomplex in Ihrem Gehirn festgesetzt hat, etwas Größeres entgegensetzen, dann werden Sie es schaffen! Der alte Sponti-Spruch »mach kaputt, was dich kaputt macht« findet im Kampf gegen die Zigarette eine heilsame Anwendung. So sehr wie die Abhängigkeit von der Droge Sie über Jahre erniedrigt hat, Ihnen Gesundheit, Geld und Lebensfreude raubte, können Sie sich nun durch Ihre Willenskraft (und ein bisschen Hilfe und Anleitung durch die Lektüre des Buches) über diese glimmenden Teufelchen erheben. Es wird Ihnen gelingen, so viele gute

Gefühle und Lust auf ein Leben ohne Zigaretten aufzubauen, dass Sie die fatale Attraktion des Tabaks überwinden und alle Rauchwaren verdammen.

Ziel aller Bemühungen ist es, den Tag X wie eine große Feier, Hochzeit oder Weihnachten vorzubereiten. Sie haben auch allen Grund zur Freude: Ihnen steht eine komplette Umstellung Ihres Lebens bevor, der Abschied von Sucht, Krankheit und Zigaretten-Kosten. Zelebrieren Sie den Abschied vom Tabak als Beginn eines neuen Lebens mit Gesundheit, tollem Lebens- und Körpergefühl, Sport und maximalem Genuss. Alle Ihre Sinne werden vom Zigaretten-Abschied profitieren. Ihre Sinnlichkeit spielt sogar eine Hauptrolle bei der Überwindung der Sucht. Sie ist stärker als jedes Argument und verleiht die Kraft und Überzeugung, die Sie brauchen. Weil der Gewinn an Geschmack, Duft und Körpergefühl stärker ist als der Verlust des Nikotin-Kicks, werden Sie es schaffen. Für den ultimativen Genussgewinn müssen Sie Ihre Ohren, Augen, Geruchsnerven und Tastsinne schärfen. Viel Vergnügen!

Was Sie schon Wochen vorher machen können

Sie planen Zug um Zug die komplette Umstellung Ihres Lebens – Sie werden schließlich Nichtraucher! Wohnung, Büro, Auto, Familie, Freunde und Freizeit werden vom Nikotin-Ballast, dem schlechten Lebensgefühl und Mief befreit:

- Besprechen Sie Ihr Vorhaben mit Ihrem Hausarzt. Er kennt Ihren Körper und gibt sicherlich hilfreiche Ratschläge. Fragen Sie ihn, ob Nikotin-Ersatz-Präparate (Nikotin-Kaugummi etc.) für Sie geeignet sind.

- Gönnen Sie Ihrer Wohnung einen neuen Anstrich: Frisch getünchte Wände sehen nicht nur besser aus, sie sind auch frei von Zigaretten-Muff. Ideal wäre, die Räume successive zu streichen und sich dort bereits ein Rauchverbot aufzuerlegen.

- Auch Vorhänge, Handtücher, Wäsche und vor allem Pullover sind mit Tabak-Mief kontaminiert. Da Sie kaum alles auf einmal waschen können, bietet sich an, die frischen Textilien in rauchfreien Räumen (siehe oben) zu deponieren.

- Eliminieren Sie alle mit dem Rauchen verbundenen Utensilien (Aschenbecher, Pfeife, edle Feuerzeuge).

- Bitten Sie Ihre Familie und Freunde um Unterstützung bei Ihren Abstinenz-Plänen. Vielleicht machen andere mit – das erhöht die Erfolgschancen für alle.

- Bereiten Sie Ihren Arbeitsplatz auf die zigarettenfreie Zukunft vor: Vielleicht gönnen Sie sich eine neue Zimmerpflanze, eine Grundreinigung von Schreibtisch, Fenster und Boden verschafft auch hier neue Reize. Sprechen Sie mit rauchenden Kollegen, bereiten Sie alle auf Ihr Vorhaben vor. Gegebenenfalls ist eine Versetzung in ein rauchfreies Büro nötig.

- Wenn Sie gerne am Steuer geraucht haben, sollten Sie Ihr Auto zum Nichtraucher-Mobil umfunktionieren: Aschenbecher leeren, Grundreinigung von Polster und Amaturen sowie ein No-smoking-Warnschild für die Beifahrer.

– Beginnen Sie mit regelmäßiger Bewegung, falls Sie sich nicht schon kontinuierlich sportlich betätigen. Ideal sind dreimal pro Woche mindestens eine halbe Stunde Walking, Jogging, Radfahren, Skaten oder Schwimmen. Aber auch Gymnastik und Kraftübungen nach Anleitung sind wichtig, um die allgemeine Konstitution zu verbessern. Wenn Sie es schaffen, wirklich regelmäßig etwas Schweißtreibendes zu unternehmen, werden Sie Ihre Kondition, Beweglichkeit und Kraftreserven rasant verbessern. Vor allem nach der letzten Zigarette werden sich Ihre sportmedizinischen Werte regulieren, der Ruhepuls und Blutdruck sinken und Sie geraten nicht mehr so schnell aus der Puste, weil die Lunge weit mehr Sauerstoff aus der Atemluft ins Blut pressen kann.

– Mental können Sie sich auf das große Ereignis sehr schön einstimmen, indem Sie sich vor dem Schlafengehen alle künftigen Vorteile des Nichtrauchens versinnbildlichen: Schließen Sie die Augen und unternehmen Sie »Traumreisen« in eine wohlriechende Zukunft, in der Ihr Körper vor Energie und Gesundheit strotzt: Wie fühlt es sich an, leicht federnd an einem Sandstrand zu joggen, die Salzluft tief einzuatmen, durch einen Bergwald zu spazieren oder sich einfach nur ein Gemüse-Risotto aus frischen Zutaten vom Markt zuzubereiten?
  Überlegen Sie, wieviel Geld Sie täglich, monatlich und alljährlich einsparen, vielleicht legen Sie das Geld langfristig an und erfüllen sich nach drei Jahren einen Herzenswunsch?
  Wie stark wird Ihre Gesundheit, Fitness und Attrakti-

vität vom Zigarettenverzicht profitieren? Stellen Sie sich ganz konkret Situationen vor, in welchen Ihre Familie, Freunde oder Ihr Traumpartner bemerkt, dass Sie plötzlich Nichtraucher sind. Statt als Lungenkrebs-Kandidat präsentieren Sie sich nun als vitaler Mensch mit bester Zukunftsprognose. Außerdem können Sie bald eine echte Erfolgsstory vorweisen: Sie haben es geschafft aufzuhören! Das ist die vielleicht größte Willensleistung Ihres Lebens.

- Vereinbaren Sie für die angepeilte Woche des Aufhörens beim Zahnarzt einen Termin nur für eine Zahnreinigung. Dann strahlt Ihr Gebiss, die Zähne fühlen sich glatt und geschmeidig an, und alle Tabak-Ablagerungen – die ja wesentlich zur Verunreinigung und dem Wachsen des Zahnbelags beitrugen – sind weg.

- Suchen Sie bei der Zeitungslektüre nach Prominenten, die es geschafft haben aufzuhören, Sie werden staunen, wie viele Schauspieler, Ex-Sportler, Politiker und Wirtschaftsbosse ehemalige starke Raucher sind und sich jetzt als »fit wie ein Turnschuh« empfinden.

- Bereiten Sie sich mental auf schwierige Situationen vor: Nach dem Geschäftsessen bietet Ihnen ein Kollege »Ihre Marke« an; der Lebenspartner macht Ihnen Vorwürfe, weil Sie plötzlich nicht mehr rauchen und die ganze Wohnung rauchfrei bleiben soll; Sie gehen an einem Café vorbei, durch die Tür weht ein Hauch von Cappuccino und Ihr Nikotin-Verlangen steigt in den gefährlichen roten Bereich. Versinnbildlichen Sie sich solche Not-Situationen mit geschlossenen Augen und bereiten Ihr persönliche Not-Programm vor: Gehen, Laufen, Kaugummi-Kauen, Wasser trinken, ruhiges, tiefes Atmen.

- Suchen Sie sich eine Ersatz-Befriedigung für Ihre Finger und Hände. Schon ein besonders handschmeichelnder Kugelschreiber oder Murmeln geben den Zigaretten-fixierten Greifern neue Reize und beruhigen. Testen Sie auch Taucheruhren, mit deren Ring man prima herumspielen kann.

- Formulieren Sie die für Sie drei wichtigsten Gründe aufzuhören:
  1. ....
  2. ....
  3. ....

- Schreiben Sie diese immer wieder auf, auch später, wenn Sie die Sucht überkommen sollte, brüllen Sie die drei Gründe lieber aus sich heraus, als zur Zigarette zu greifen.

- Nachdem alle Lebensbereiche für eine rauchfreie Zukunft vorbereitet sind, legen Sie einen Termin für den großen Tag fest: Möglicherweise ist ein Urlaubstag, an dem Sie sich einen lang ersehnten Wunsch erfüllen, besser als ein Arbeitstag.
  Als gute Einstiegs-Aktionen haben sich (natürlich rauchfreie!) Transatlantik-Flüge erwiesen: Sie sind auf dem Weg in ein exotisches Land, können dort entspannen und wundervolle Ausflüge unternehmen.

Außerdem haben Sie durch das Rauchverbot an Bord schon mal die ersten Stunden »wie im Flug überstanden«.
Gut geeignet erscheint auch, sich ein Cabrio zu mieten und eine Spritztour zu planen. Denn am Steuer eines schnittigen Wagens kommt man auf andere Gedanken und Zigaretten schmecken erfahrungsgemäß bei Fahrtwind überhaupt nicht.

Der Tag X – ein Grund zu feiern!

Endlich ist es soweit, Sie haben alle Vorbereitungen getroffen und fühlen sich heute extrem stark und mental den möglichen Gelüsten nach einer Zigarette überlegen. Sollte Sie die Nikotinsucht doch in die Enge treiben, fliehen Sie aus der Situation! Lenken Sie sich ab!

Manche erfolgreiche Abstinenzler berichten von teilweise masochistisch anmutenden Psycho-Tricks, die ihnen geholfen haben, die Sucht zu überwinden: Die Vorstellung eine Zigarette zu kauen, statt sie zu rauchen, einen Aschenbecher ausschlecken zu müssen oder den Teer in der eigenen Lunge zu riechen – erlaubt ist, was hilft!

- Der Feiertag, an dem Sie sich von den Zigaretten verabschieden, sollte gut gewählt sein:
  Stress im Job oder Ärger in der Familie sind an diesem wichtigen Tag Gift. Schaffen Sie die besten Voraussetzungen, um am Tag X mit schönen Dingen beschäftigt zu sein. Der erste Tag in Ihrem Nichtraucher-Leben soll keine Plage sein, sondern pures Vergnügen, bereiten Sie ihn wie ein Fest für die Sinne vor.

- Beginnen Sie den Tag mit einem schönen Frühstück, frischem Obst und vielen gesunden Getränken. Überlegen Sie sich, welche leckeren, gesunden Speisen Sie heute essen wollen. Vermeiden Sie viel Zucker und fetthaltige Kost. Reichlich Tees und verdünnte Fruchtsäfte, alkoholfreies Bier helfen, den Körper von den Giftstoffen der Vergangenheit zu befreien. Und sie sind die beste Waffe gegen Übergewicht (siehe Kapitel Gewichtsmanagement).

- Wenn Sie noch keine Pläne geschmiedet haben, nehmen Sie die Tageszeitung zur Hand und suchen Sie nach spannenden Veranstaltungen.

- Nach dem Frühstück ist ein bisschen Bewegung ideal: Eine Berg- oder Fahrradtour bieten beste Vorraussetzungen für den ersten Nichtraucher-Tag: Sie befinden sich in der frischen Luft, Herz- und Kreislauf arbeiten auf Hochtouren und die Gedanken an die letzte Zigarette verpuffen. Außerdem sorgt die Bewegung für die Müdigkeit, die Sie am Abend benötigen.

- Besonders angenehm empfinden es werdende Nichtraucher, wenn die Lunge durch sportliche Betätigung durchgepustet wird, ohne den Körper zu überanstrengen – da reichen auch zwei längere Spaziergänge am Strand, in den Wald oder Schwimmausflüge.

- Essen Sie reichlich und regelmäßig, um tagsüber wirklich satt zu sein, trinken Sie mindestens 2 bis 3 Liter alkoholfreie Getränke – das hilft, die Giftstoffe und deren Abbauprodukte auszuspülen.

- Atmen Sie ruhig und tief, genießen Sie die ersten freien Lungenzüge mit frischer Berg-, Wald- oder Seeluft.

- Auch ein Besuch eines Botanischen Gartens oder Zoos bietet für Nichtraucher-Novizen beste Voraussetzungen. Erschnüffeln Sie die trockene Wüsten-Luft im Gewächshaus für Kakteen und nehmen Sie dann eine Prise modriger Dschungelluft bei den Tropengewächsen.

- Aber vielleicht haben Sie noch viel bessere und kreativere Ideen, wie Sie Ihren Tag X ausgestalten. Erfolgversprechend ist jedoch, aktiv zu sein, am besten in einer nicht-rauchenden Gruppe.

- Vermeiden Sie Langeweile, lenken Sie sich mit Bonbons (zuckerfrei?) ab oder schnüren Sie Ihre Schuhe – ab geht's in den Park: Spazieren gehen oder joggen.

- Vorsicht mit Alkohol in den ersten Wochen. Natürlich ist ein Glas zum Abendessen in Ordnung. Aber jedes Glas mehr erhöht die Rückfallgefahr dramatisch, die Vernunft und Willenskraft schwinden.

- Am Abend empfiehlt sich der Besuch eines Kinos oder Theaters, schon wieder sind zwei Stunden ohne Zigarette aber mit viel Vergnügen verstrichen. Machen Sie um die Raucher-Zirkel im Foyer einen verächtlichen Bogen – Passivrauchen schadet jetzt Ihrer Gesundheit! Sie sind schließlich schon fast einen Tag Nichtraucher.

– Wenn Sie Ihr Genuss-Programm durchgezogen haben und die letzte Mahlzeit spätestens drei Stunden vor dem Schlafengehen eingenommen haben, sollte einer ruhigen Nacht nichts im Wege stehen. Gönnen Sie sich viel Schlaf und beginnen Sie die nächsten Tage mit dem gleichen Hochgefühl. Nicht vergessen, den Motivations-Check im Buch ausfüllen.

Wenn Sie die Zigarettenlust überkommt: Managen statt Scheitern

Natürlich sind die ersten Tage des Nichtraucher-Lebens mit Gefahren gespickt. Mancher erinnert sich mit Grausen an den letzten Abstinenz-Versuch, als er nervös, aggressiv und mit zitternden Fingern nach zwei Tagen rückfällig wurde, weil die Entzugssymptome so schmerzten und die Sucht noch einmal stärker als der Wille war. Man kann durch einige Tricks und die im Buch beschriebene Umstellung des Lebens die möglichen Leiden aber so mindern, dass sie dem Erfolg nicht im Wege stehen. Unser Prinzip ist, sich nicht den Niederungen der Sucht hinzugeben, sondern Gefahren intelligent zu umschiffen bzw. vorzubeugen:

Entzugssymptome: Viele Ex-Raucher berichten, dass sie zwar einige Male unter dem Entzug litten, beim letzten, erfolgreichen Versuch aber gar nichts spürten. »Weder das Kribbeln in den Händen«, berichtet der Kulturredakteur Stefan S., »noch Nervosität oder schlechte Laune quälten mich.« Auch die Kopfschmerzen, von denen einige Menschen berichten, sind keine zwangsläufige Folge des Nikotin-Verzichts.

Gleichwohl macht der Körper doch eine radikale Gesamtwäsche durch, wenn Sie ihm das Nikotin entziehen und plötzlich mit gesundem Essen, Getränken und Bewegung aufwarten. Und die Signale, die der Körper sendet, müssen Sie als absolut positive Meldungen aus dem Innersten wahrnehmen. Wenn Sie das Verlangen, gepaart mit Nervosität, Schlappheit oder Gereiztheit, bewusst als Abbau der Suchtfesseln akzeptieren, fällt es sicherlich leichter, als sich dem vermeintlichen Leiden hinzugeben. Ihr Körper lernt jetzt, ohne den dauernden Nikotin-Schub auszukommen. Ihr Gehirn hat da das intellektuelle Niveau eines hungrigen Kleinkindes: Es verlangt nach der Droge, und wenn die übliche Portion nicht kommt, gibt's Ärger. In dieser simplen Funktionsweise liegt auch die Chance für Sie – einen intelligenten, kreativen und motivierten Menschen!

Diese stoffliche Abhängigkeit der Sucht können Sie gut überwinden. Bisher hat Ihr Gehirn für jede Prise Nikotin, die oben ankam, ein gigantisches Belohnungsprogramm in Gang gesetzt, Glückshormone ausgeschüttet und dem Körper Entspannungssignale gesendet. Nun fehlt dieser Auslösereiz für das gute Gefühl, das Glück und den Spaß anscheinend. Ihre Aufgabe ist jetzt, dafür Ersatz zu schaffen: Genussmomente ohne Nikotin zu kreieren.

Die Zigarettensucht hat neben der stofflichen Seite (Nikotin) noch eine rein psychologische Dimension. Alle Signale, die Sie (auch unbewusst) mit dem Nikotingenuss verbinden, können den Suchtreiz auslösen: Tabakreklame, ein Cowboyhut, eine Tasse Kaffee oder das Klicken eines Feuerzeugs. Überlegen Sie, welche Dinge Sie mit Zigaretten und Tabakrauch angenehm verbinden, und schreiben Sie diese auf eine Warnliste:

1.	4.	7. ....
2.	5.	8. ....
3.	6.	9. ....

Gleichzeitig müssen Sie sich gegen Entzugssymptome wappnen mit einigen spontanen Hilfen:

Akute Zigarettenlust: Jetzt signalisiert Ihr Körper den ungewohnt niedrigen Nikotingehalt im Blut. Eigentlich toll, aber nicht zu rauchen schaffen Sie nur, wenn Sie sich ablenken, aus der Situation fliehen. Geben Sie Ihrem Körper und Gehirn einen anderen Genuss-Reiz: Bonbons (zuckerfrei), ein Getränk, eine schöne CD oder ein spontaner Telefonanruf bei Ihrem besten Freund. Sie werden überrascht sein, dass schon nach wenigen Minuten die Zigarettenlust verflogen ist. Niemals hält sie über Stunden an, denn Sie sind dem simplen Mechanismus der Sucht überlegen.

Wenn Sie keine andere Lösung sehen, greifen Sie zu Nikotin-Ersatz-Präparaten. Die mit Nikotin versetzten Bonbons oder Kaugummis können kurzfristig das Verlagen nach der Droge lindern.

Überlegen Sie am Abend, warum Sie in diese Situation geraten sind, wie Sie das beim nächsten Mal präventiv vermeiden können.

Bei Gereiztheit, Nervosität und übler Laune braucht Ihr Geist Abwechslung, Ablenkung und Entspannungsreize. Bewegen Sie sich, bringen Sie Ihr Herz-Kreislauf-System auf Trab durch einen Spaziergang oder eine Runde Fahrradfahren. Gönnen Sie sich ein leckeres Abendessen und kaufen Sie die Zutaten selbst frisch auf dem Markt ein.

Müdigkeit: Wenn dem Körper seine ständige Giftdosis fehlt (Nikotin ist ein tödliches Nervengift, das zunächst belebend wirkt), kann er sich nicht mehr so gut selbst in Fahrt bringen. Man fühlt sich schlapp. Auch hier sind Kraft- und Dehnungsübungen (z.B. morgens im Bett) ideal, um den inneren Schweinehund zu überwinden, auch Wechselduschen heiß/kalt treiben den Kreislauf an.

Kopfschmerzen: Schützen Sie Ihre Augen vor Überlastung, möglicherweise haben Sie zu viel gelesen oder zu viel Zeit vor dem Bildschirm oder TV-Gerät verbracht. Auch gegen Kopfschmerzen hilft oft ein Glas Wasser und Entspannungsübungen (auf den Boden legen, Augen schließen und alle Muskeln von oben bis unten lockern oder Yoga!). Bei anhaltenden Schmerzen könnte zur Not eine Schmerztablette Abhilfe schaffen. Vielleicht haben aber auch Verspannungen des Nackens oder des Kaumuskels zum Kopfschmerz geführt (ggf. Arzt konsultieren).

Kribbeln in Fingern und Zehen: Auch das ist ein positives Signal des Körpers, weil jetzt mehr Sauerstoff transportiert wird. Das Kribbeln lässt aber allmählich nach, wenn sich Finger und Zehen an die gesunde Sauerstoff-Dusche gewöhnt haben. Zur spontanen Abhilfe sind Fingerübungen und Dehnungen oder Bewegung (Joggen, Schwimmen) sowie Wechselduschen geeignet.

Immer griffbereit sollten Sie in den ersten Tagen folgende Dinge haben: Kaugummis, Menthol-Bonbons (zuckerfrei), leckere Getränke und Spielzeug für die Hände (Murmeln, Taucheruhr) und Nikotin-Ersatz-Präparate (Bonbons, Kaugummis aus der Apotheke).

»Nur eine«-Falle: Es könnte passieren, dass Sie sich einbilden, eine einzige Zigarette würde jetzt spontan wunderbar sein, gleichwohl würden Sie nicht wirklich rückfällig, weil es ja bei einer Zigarette bleibt. Diese Versuche der Selbstüberlistung

sind die häufigsten Gründe des Scheiterns. Denn der Nimbus des neuen, gesunden Lebens ohne Zigaretten ist dahin – alle Vorbereitungen waren vergebens. Halten Sie sich vor Augen, dass es nicht um die aktuelle Befriedigung der Lust geht, sondern um Ihren neuen Lebensplan, möglichst lange gesund, sportlich, vital und sexy zu sein – da haben Zigaretten einfach keinen Platz.

Der Nichtraucher-Jahresplan als Motivations-Check

Den nun folgenden Check – er wird ein hilfreiches Zeugnis für Ihre Abstinenz – sollten Sie insgesamt neunmal beantworten, denn wir wollen Sie ein ganzes Jahr begleiten bzw. Sie sollen im Verlauf der 12 Monate die Fortschritte, die Sie machen und spüren, auch schriftlich festhalten: Deshalb sollten Sie den Testbogen an folgenden Tagen im Verlauf des ersten Jahres beantworten:

1. An einem der letzten Tage als Raucher.
2. Am Ende des ersten Tages als Nichtraucher.
3. Am Ende der ersten Woche,
4. am Ende der zweiten,
5. am Ende der dritten und
6. am Ende der vierten Woche.
7. Nach drei Monaten.
8. Nach einem halben Jahr.
9. Nach einem Jahr als Nichtraucher.

Beantworten Sie die Motivations-Fragen, am besten abends vor dem Schlafengehen (speziell wegen Frage 1, aber auch um eine vergleichbare Situation zu haben), indem Sie sich selbst kritisch bewerten und pro Frage 1 bis 10 Punkten vergeben. Summieren Sie die Punktzahlen am unteren Ende der Seite.

Nichtraucherpunkte sammeln!

Sie können damit Ihre Emanzipation von der Zigarette permanent dokumentieren. Denn auch die schlimmsten Erinnerungen an die Sucht und Abhängigkeit vom Glimmstängel verfliegen mit der Zeit. Deshalb sind solche Fragebögen sinn- und wertvoll. Wissenschaftliche Studien zeigen, dass man Fortschritte – ihre allmähliche Zigaretten-Abstinenz – sichtbar, erlebbar und auch zählbar machen muss. Deshalb dokumentieren Sie den Abschied vom Nikotin mit Hilfe des Motivations-Checks.

Je höher die Summe der Punkte aus allen Antworten wird, desto weiter haben Sie sich bereits von Ihrer Rauchervergangenheit entfernt. Üblicherweise kommen Kettenraucher auf höchstens 40 Punkte, solange sie der Sucht verfallen sind. Und schon in den ersten Wochen steigern Sie Ihre Nichtraucherpunkte auf weit über 60 durch die bessere körperliche Gesamtverfassung und durch das geringere Verlangen nach Zigaretten.

Es sind grundsätzlich alle Bewertungspunkte zwischen 0 und 10 möglich, wenn Ihr körperliches Wohlbefinden (Frage 6) etwa »mittelmäßig« sein sollte, entspräche das 5 Punkten.

Wenn Sie Ihr Geschmacksempfinden (Frage 8) zu Anfang mit 10 Punkten bewertet haben und es sich unerwartet noch steigert, so geben Sie sich später 12 oder 13 Punkte! Es zählt ja nur Ihr persönlicher Fortschritt!

DIE EU-GESUNDHEITSMINISTER: STERBEN GEFÄHRDET IHRE GESUNDHEIT

Die Verbindung zwischen Rauchen und Krebstod fehlt im Kopf der meisten Menschen. Diese Tatsache wird schlichtweg ausgeblendet. Quelle: Neuffer Design

CHECK 1: Bitte an einem der letzten Raucher-Abende ausfüllen (Geben Sie sich Punkte von 1 bis 10)

- Wann hatten Sie heute erstmals Gelüste, eine Zigarette zu rauchen?
  Früh 0 Mittag 2 Abend 4 gar nicht 10
  Punktzahl: ______

- Spüren Sie Entzugserscheinungen, wenn Sie mehrere Stunden nicht rauchen?
  Immer 0 meistens 3 selten 5 nie 10
  Punktzahl: ______

- Welche Empfindungen löst Zigarettenrauch an Ihrer Nase aus?
  Entspannung/Genuss 0 Atemnot/Gestank 10
  Punktzahl: ______

- Wie fühlt sich ein tiefer Lungenzug an?
  Gut 0 Gedanke macht mich nervös 3
  eklig 10
  Punktzahl: ______

- Was verbinden Sie mit Ihrem Lieblingsgetränk oder Sex?
  Eine Zigarette dazu/danach 0
  Lust immer ohne Kippe 10
  Punktzahl: ______

- Wie groß ist Ihr körperliches Wohlbefinden?
  Mäßig bis schlecht 0 sehr gut 10
  Punktzahl: ______

- Wie gut ist Ihre derzeitige Fitness?
  Schlecht 0 sehr gut 10

  Punktzahl: ______

- Wie bewerten Sie Ihr Geschmacks- und Geruchsempfinden?
  Schlecht 0 sehr gut 10

  Punktzahl: ______

- Wie können Sie derzeit mit Stress und Ärger umgehen?
  Schlecht 0 sehr gut 10

  Punktzahl: ______

- Sind Sie überzeugt, Nichtraucher zu werden?
  Weiter Weg 0 vielleicht 3 absolut 10

  Punktzahl: ______

Gesamtpunktzahl: ______

CHECK 2: Bitte am ersten Nichtraucher-Abend ausfüllen (Geben Sie sich Punkte von 1 bis 10)

- Wann hatten Sie heute erstmals Gelüste, eine Zigarette zu rauchen?
  Früh 0   Mittag 2   Abend 4   gar nicht 10
  Punktzahl: ______

- Spüren Sie Entzugserscheinungen?
  Ständig 0   oft 2   kaum 8   nein 10
  Punktzahl: ______

- Welche Empfindungen würde Zigarettenrauch an Ihrer Nase auslösen?
  Entspannung/Genuss 0   Atemnot/Gestank 10
  Punktzahl: ______

- Wie würde sich jetzt ein tiefer Lungenzug anfühlen?
  Gut 0   Gedanke macht mich nervös 3
  eklig 10
  Punktzahl: ______

- Was verbinden Sie mit Ihrem Lieblingsgetränk oder Sex?
  Eine Zigarette dazu/danach 0
  Lust ohne Kippe 10
  Punktzahl: ______

- Wie groß ist Ihr körperliches Wohlbefinden?
  Mäßig bis schlecht 0   sehr gut 10
  Punktzahl: ______

- Wie gut ist Ihre derzeitige Fitness?
  Schlecht 0 sehr gut 10

  Punktzahl: ______

- Wie bewerten Sie Ihr Geschmacks- und Geruchsempfinden?
  Schlecht 0 sehr gut 10 Punktzahl: ______

- Wie können Sie derzeit mit Stress und Ärger umgehen?
  Schlecht 0 sehr gut 10 Punktzahl: ______

- Sind Sie überzeugt, Nichtraucher zu werden?
  Weiter Weg 0 vielleicht 3 absolut 10

  Punktzahl: ______

Gesamtpunktzahl: ______

Das passiert in Ihrem Körper nach einem Tag

Zwanzig Minuten nach der letzten Zigarette gleichen sich Herzfrequenz und Körpertemperatur derjenigen eines Nichtrauchers an. Bereits zwei Stunden nach der letzten Zigarette befindet sich kein Nikotin mehr in Ihrem Körper. Ab diesem Zeitpunkt bilden sich keine neuen Nikotinrezeptoren in Ihrem Gehirn, welche die Gier nach der nächsten Zigarette schüren. Die Rezeptoren werden langsam aber sicher ausgehungert. Das Abbauprodukt des Nikotins, Kotinin, ist allerdings noch messbar im Blut. Es verlässt den Körper erst nach zwei bis drei Tagen bis hin zu drei Wochen. Nach acht Stunden ist auch das Gift Kohlenmonoxyd aus der Atemluft verschwunden. 24 Stunden nach dem Rauchstopp ist der Giftstoff Kohlenmonoxyd komplett abgebaut und in der Atemluft nicht nachzuweisen. Bereits zu diesem Zeitpunkt sinkt das Herzinfarktrisiko.

CHECK 3: Bitte am Ende der ersten Nichtraucher-Woche ausfüllen (Geben Sie sich Punkte von 1 bis 10)

- Wann hatten Sie heute erstmals Gelüste, eine Zigarette zu rauchen?
  Früh 0 Mittag 2 Abend 4 gar nicht 10
  Punktzahl: ______

- Spüren Sie Entzugserscheinungen?
  Ständig 0 oft 2 kaum 8 nie 10
  Punktzahl: ______

- Welche Empfindungen würde Zigarettenrauch an Ihrer Nase auslösen?
  Entspannung/Genuss 0 Atemnot/Gestank 10
  Punktzahl: ______

- Wie würde sich jetzt ein tiefer Lungenzug anfühlen?
  Gut 0 Gedanke macht mich nervös 3
  eklig 10
  Punktzahl: ______

- Was verbinden Sie mit Ihrem Lieblingsgetränk oder Sex?
  Eine Zigarette dazu/danach 0
  Lust ohne Kippe 10
  Punktzahl: ______

- Wie groß ist Ihr körperliches Wohlbefinden?
  Mäßig bis schlecht 0 sehr gut 10
  Punktzahl: ______

- Wie gut ist Ihre derzeitige Fitness?
  Schlecht 0 sehr gut 10

  Punktzahl: ______

- Wie bewerten Sie Ihr Geschmacks- und Geruchsempfinden?
  Schlecht 0 sehr gut 10

  Punktzahl: ______

- Wie können Sie derzeit mit Stress und Ärger umgehen?
  Schlecht 0 sehr gut 10

  Punktzahl: ______

- Sind Sie überzeugt, Nichtraucher zu werden?
  Weiter Weg 0 vielleicht 3 absolut 10

  Punktzahl: ______

Gesamtpunktzahl: ______

Das passiert in Ihrem Körper nach einer Woche

Geschmack und Geruch verbessern sich innerhalb weniger Tage. Viele Ex-Raucher berichten, dass sie zum Beispiel das Aroma von Erdbeeren wieder besonders intensiv schmecken können. Kleidung und Haare riechen frisch, der Qualmgeruch ist entwichen. Der Eigengeruch des Körpers hat sich geändert, Hände und Finger stinken nicht mehr nach Rauch, Nikotin und Teer. Die Atmung bessert sich merklich, wer einen Kurzsprint hinlegt oder Treppen steigt, kann dies deutlich feststellen. Der Grund: Die Konzentration von giftigem Kohlenmonoxyd Co im Blut ist bereits mit der eines Nichtrauchers vergleichbar.

CHECK 4: Bitte am Ende der zweiten Nichtraucher-Woche ausfüllen (Geben Sie sich Punkte von 1 bis 10)

- Wann hatten Sie heute erstmals Gelüste, eine Zigarette zu rauchen?
  Früh 0 Mittag 2 Abend 4 gar nicht 10
  Punktzahl: ______

- Spüren Sie Entzugserscheinungen?
  Ständig 0 oft 2 kaum 8 nie 10
  Punktzahl: ______

- Welche Empfindungen würde Zigarettenrauch an Ihrer Nase auslösen?
  Entspannung/Genuss 0 Atemnot/Gestank 10
  Punktzahl: ______

- Wie würde sich jetzt ein tiefer Lungenzug anfühlen?
  Gut 0 Gedanke macht mich nervös 3
  eklig 10
  Punktzahl: ______

- Was verbinden Sie mit Ihrem Lieblingsgetränk oder Sex?
  Eine Zigarette dazu/danach 0
  Lust ohne Kippe 10
  Punktzahl: ______

- Wie groß ist Ihr körperliches Wohlbefinden?
  Mäßig bis schlecht 0 sehr gut 10
  Punktzahl: ______

- Wie gut ist Ihre derzeitige Fitness?
  Schlecht 0 sehr gut 10

  Punktzahl: ______

- Wie bewerten Sie Ihr Geschmacks- und Geruchsempfinden?
  Schlecht 0 sehr gut 10

  Punktzahl: ______

- Wie können Sie derzeit mit Stress und Ärger umgehen?
  Schlecht 0 sehr gut 10

  Punktzahl: ______

- Sind Sie überzeugt, Nichtraucher zu werden?
  Weiter Weg 0 vielleicht 3 absolut 10

  Punktzahl: ______

Gesamtpunktzahl: ______

Das passiert in Ihrem Körper nach zwei Wochen
Ex-Raucher erleben ein mentales Hochgefühl. Sie verspüren ein größeres Selbstbewusstsein, da Sie es geschafft haben, einen längeren Zeitraum den Zigaretten und der Sucht zu widerstehen. Das Verlangen nach Nikotin nimmt mit jedem Tag und jeder Woche weiter ab. In der Lunge geht der Abbau des Teers voran.

CHECK 5: Bitte am Ende der dritten Nichtraucher-Woche ausfüllen (Geben Sie sich Punkte von 1 bis 10)

- Wann hatten Sie heute erstmals Gelüste, eine Zigarette zu rauchen?
  Früh 0 Mittag 2 Abend 4 gar nicht 10
  Punktzahl: ______

- Spüren Sie Entzugserscheinungen?
  Ständig 0 oft 2 kaum 8 nie 10
  Punktzahl: ______

- Welche Empfindungen würde Zigarettenrauch an Ihrer Nase auslösen?
  Entspannung/Genuss 0 Atemnot/Gestank 10
  Punktzahl: ______

- Wie würde sich jetzt ein tiefer Lungenzug anfühlen?
  Gut 0 Gedanke macht mich nervös 3
  eklig 10
  Punktzahl: ______

- Was verbinden Sie mit Ihrem Lieblingsgetränk oder Sex?
  Eine Zigarette dazu/danach 0
  Lust ohne Kippe 10
  Punktzahl: ______

- Wie groß ist Ihr körperliches Wohlbefinden?
  Mäßig bis schlecht 0 sehr gut 10
  Punktzahl: ______

- Wie gut ist Ihre derzeitige Fitness?
  Schlecht 0 sehr gut 10

  Punktzahl: ______

- Wie bewerten Sie Ihr Geschmacks- und Geruchsempfinden?
  Schlecht 0 sehr gut 10

  Punktzahl: ______

- Wie können Sie derzeit mit Stress und Ärger umgehen?
  Schlecht 0 sehr gut 10

  Punktzahl: ______

- Sind Sie überzeugt, Nichtraucher zu werden?
  Weiter Weg 0 vielleicht 3 absolut 10

  Punktzahl: ______

Gesamtpunktzahl: ______

Das passiert in Ihrem Körper nach drei Wochen
Schon nach drei Wochen verbessert sich die körperliche Fitness. Viele frische gebackene Nichtraucher fühlen sich motiviert, jetzt vermehrt Sport zu machen, ihren Körper zu entgiften, in die Sauna zu gehen. Morgens wacht man frischer auf. Der Schlaf wird als erholsamer beschrieben, insbesondere von Menschen, die abends viel geraucht und getrunken haben.
Die Kondition nimmt zu, das Atmen fällt leichter.

CHECK 6: Bitte am Ende des ersten Nichtraucher-Monats ausfüllen (Geben Sie sich Punkte von 1 bis 10)

- Wann hatten Sie heute erstmals Gelüste, eine Zigarette zu rauchen?
  Früh 0 Mittag 2 Abend 4 gar nicht 10
  Punktzahl: ______

- Spüren Sie Entzugserscheinungen?
  Ständig 0 mehrmals 2 kaum 8 nie 10
  Punktzahl: ______

- Welche Empfindungen würde Zigarettenrauch an Ihrer Nase auslösen?
  Entspannung/Genuss 0 Atemnot/Gestank 10
  Punktzahl: ______

- Wie würde sich jetzt ein tiefer Lungenzug anfühlen?
  Gut 0 Gedanke macht mich nervös 3
  eklig 10
  Punktzahl: ______

- Was verbinden Sie mit Ihrem Lieblingsgetränk oder Sex?
  Eine Zigarette dazu/danach 0
  Lust ohne Kippe 10
  Punktzahl: ______

- Wie groß ist Ihr körperliches Wohlbefinden?
  Mäßig bis schlecht 0 sehr gut 10
  Punktzahl: ______

- Wie gut ist Ihre derzeitige Fitness?
  Schlecht 0 sehr gut 10
  Punktzahl: ______

- Wie bewerten Sie Ihr Geschmacks- und Geruchsempfinden?
  Schlecht 0 sehr gut 10 Punktzahl: ______

- Wie können Sie derzeit mit Stress und Ärger umgehen?
  Schlecht 0 sehr gut 10 Punktzahl: ______

- Sind Sie überzeugt, Nichtraucher zu werden?
  Weiter Weg 0 vielleicht 3 absolut 10
  Punktzahl: ______

Gesamtpunktzahl: ______

Das passiert in Ihrem Körper nach einem Monat

Die Hautfarbe wird merklich frischer, da die feine Epidermis jetzt besser durchblutet wird. Der fahle, gelbliche Hautton von starken Rauchern verschwindet, die Hautzellen können sich regenerieren. Viele Menschen erfahren zu diesem Zeitpunkt eine positive Rückmeldung von ihrem Umfeld: »Du siehst aber gut aus«, haben sie schon lange nicht mehr gehört – das motiviert. Nicht nur der Teint sieht frischer aus. Alle Zellen werden besser durchblutet, so auch das Zahnfleisch. Wer früher unter Zahnfleischbluten oder Parodontose litt, wird eine merkliche Verbesserung verspüren. Die Vorläuferzellen in der Mundschleimhaut, die früher kontinuierlich durch die Giftstoffe in der Zigarette abgetötet und in Narbengewebe umgewandelt wurden, können sich wieder in verschiedene Zellen ausdifferenzieren. So zum Beispiel Zahnknochen- oder Zahnfleischzellen.

CHECK 7: Bitte nach drei Nichtraucher-Monaten ausfüllen (Geben Sie sich Punkte von 1 bis 10)

- Wann hatten Sie heute erstmals Gelüste, eine Zigarette zu rauchen?
  Früh 0 Mittag 2 Abend 4 gar nicht 10
  Punktzahl: ______

- Spüren Sie Entzugserscheinungen?
  Ständig 0 oft 2 kaum 8 nie 10
  Punktzahl: ______

- Welche Empfindungen würde Zigarettenrauch an Ihrer Nase auslösen?
  Entspannung/Genuss 0 Atemnot/Gestank 10
  Punktzahl: ______

- Wie würde sich jetzt ein tiefer Lungenzug anfühlen?
  Gut 0 Gedanke macht mich nervös
  eklig 10
  Punktzahl: ______

- Was verbinden Sie mit Ihrem Lieblingsgetränk oder Sex?
  Eine Zigarette dazu/danach 0
  Lust ohne Kippe 10
  Punktzahl: ______

- Wie groß ist Ihr körperliches Wohlbefinden?
  Mäßig bis schlecht 0 sehr gut 10
  Punktzahl: ______

- Wie gut ist Ihre derzeitige Fitness?
  Schlecht 0   sehr gut 10

  Punktzahl: ______

- Wie bewerten Sie Ihr Geschmacks- und Geruchsempfinden?
  Schlecht 0   sehr gut 10

  Punktzahl: ______

- Wie können Sie derzeit mit Stress und Ärger umgehen?
  Schlecht 0   sehr gut 10

  Punktzahl: ______

- Sind Sie überzeugt, Nichtraucher zu werden?
  Weiter Weg 0   vielleicht 3   absolut 10

  Punktzahl: ______

Gesamtpunktzahl: ______

Das passiert in Ihrem Körper nach drei Monaten

Nach drei Monaten erhöht sich die Lungenkapazität um bis zu 30 Prozent.

Viele Ex-Raucher sind jetzt sportlicher als je zuvor. Die verbesserte Kondition, Atmung und körperliche Fitness haben dazu geführt, dass Nichtraucher mehr raus gehen, insgesamt ein gesünderes Leben führen. Viele fühlen sich jetzt mobiler. Weil sie es geschafft haben aufzuhören, können sie auch andere Projekte schaffen. Das Zutrauen in die eigene Kompetenz und die Kraft, etwas zu schaffen, sind gewachsen.

Auch wenn innerlich Nervosität und Unruhe, Zeichen von nach Nikotin bettelnden Nikotinrezeptoren im Gehirn noch zehren, geht die Emanzipation vom Gift voran.

CHECK 8: Bitte nach einem halben Jahr als Nichtraucher ausfüllen (Geben Sie sich Punkte von 1 bis 10)

- Wann hatten Sie heute erstmals Gelüste, eine Zigarette zu rauchen?
  Früh 0 Mittag 2 Abend 4 gar nicht 10
  Punktzahl: ______

- Spüren Sie Entzugserscheinungen?
  Ständig 0 oft 2 kaum 8 nie 10
  Punktzahl: ______

- Welche Empfindungen würde Zigarettenrauch an Ihrer Nase auslösen?
  Entspannung/Genuss 0 Atemnot/Gestank 10
  Punktzahl: ______

- Wie würde sich jetzt ein tiefer Lungenzug anfühlen?
  Gut 0 Gedanke macht mich nervös 3
  eklig 10
  Punktzahl: ______

- Was verbinden Sie mit Ihrem Lieblingsgetränk oder Sex?
  Eine Zigarette dazu/danach 0
  Lust ohne Kippe 10
  Punktzahl: ______

- Wie groß ist Ihr körperliches Wohlbefinden?
  Mäßig bis schlecht 0 sehr gut 10
  Punktzahl: ______

- Wie gut ist Ihre derzeitige Fitness?
  Schlecht 0 sehr gut 10

  Punktzahl: ______

- Wie bewerten Sie Ihr Geschmacks- und Geruchsempfinden?
  Schlecht 0 sehr gut 10

  Punktzahl: ______

- Wie können Sie derzeit mit Stress und Ärger umgehen?
  Schlecht 0 sehr gut 10

  Punktzahl: ______

- Sind Sie überzeugt, Nichtraucher zu werden?
  Weiter Weg 0 vielleicht 3 absolut 10

  Punktzahl: ______

Gesamtpunktzahl: ______

Das passiert in Ihrem Körper nach sechs Monaten
Die Atmung hat sich verbessert, der Hustenreiz, der starke Raucher mit angegriffener Bronchialschleimhaut morgens befallen hatte, legt sich. Der Schleim wurde in den ersten Wochen und Monaten abgehustet, die chronische Minientzündung kommt zum Stillstand.
Das Selbstbewusstsein wird weiter gestärkt. Man muss sich auf Familienfesten oder anderen Partys nicht mehr rausschleichen, die verächtlichen oder mitleidsvollen Blicke der Verwandten/Freunde ertragen, die einen nur als Raucher gekannt haben. Das schlechte Gewissen, das man gegenüber den (zwangsläufig) passiv rauchenden Kindern der Geschwister oder Freunden auf solchen Festen hatte, fällt weg und verschafft Erleichterung.

FINALE GRANDE: Die Nichtraucher-Meisterprüfung nach einem Jahr (Geben Sie sich Punkte von 1 bis 10)

- Wann hatten Sie heute erstmals Gelüste, eine Zigarette zu rauchen?
  Früh 0 Mittag 2 Abend 4 gar nicht 10
  Punktzahl: ______

- Spüren Sie Entzugserscheinungen?
  Ständig 0 oft 2 kaum 8 nie 10
  Punktzahl: ______

- Welche Empfindungen würde Zigarettenrauch an Ihrer Nase auslösen?
  Entspannung/Genuss 0 Atemnot/Gestank 10
  Punktzahl: ______

- Wie würde sich jetzt ein tiefer Lungenzug anfühlen?
  Gut 0 Gedanke macht mich nervös 3
  eklig 10
  Punktzahl: ______

- Was verbinden Sie mit Ihrem Lieblingsgetränk oder Sex?
  Eine Zigarette dazu/danach 0
  Lust ohne Kippe 10
  Punktzahl: ______

- Wie groß ist Ihr körperliches Wohlbefinden?
  Mäßig bis schlecht 0 sehr gut 10
  Punktzahl: ______

- Wie gut ist Ihre derzeitige Fitness?
  Schlecht 0 sehr gut 10

  Punktzahl: ______

- Wie bewerten Sie Ihr Geschmacks- und Geruchsempfinden?
  Schlecht 0 sehr gut 10

  Punktzahl: ______

- Wie können Sie derzeit mit Stress und Ärger umgehen?
  Schlecht 0 sehr gut 10

  Punktzahl: ______

- Sind Sie überzeugt, Nichtraucher zu werden?
  Weiter Weg 0 vielleicht 3 absolut 10

  Punktzahl: ______

Gesamtpunktzahl: ______

Das passiert in Ihrem Körper nach einem Jahr
Nach einem Jahr halbiert sich das Risiko, an den Herzkranzgefäßen zu erkranken. Das gesamte Kreislaufsystem hat sich zum Teil regeneriert, die Verengung der Herz- und Beinarterien ist gestoppt. Die Gefäße werden durch das Nachwachsen von gesunden Zellen wieder elastischer, dadurch verbessert sich die Durchblutung im ganzen Körper. Füße und Fingerspitzen werden besser mit Sauerstoff versorgt. Wer regelmäßig Sport getrieben hat, friert nicht mehr so leicht wie vorher. Frauen, die insbesondere im Winter unter kalten Füßen gelitten haben, spüren merklich, dass ihre Körperextremitäten besser durchblutet sind.

Bewertung der Do-it-yourself-Methode

Für wen ist sie geeignet?

80 Prozent aller jungfräulichen Nichtraucher, die »es« noch nie gemacht haben, versuchen es erfahrungsgemäß erst einmal »ohne alles«. Der Ausstieg vollzieht sich in Etappen: Zunächst einmal liegt der Gedanke, mit dem Rauchen aufzuhören, ferner als die entlegenste Karibikinsel.

Wozu aufhören, fragen sich die genießerischen Raucher und zitieren den 75-jährigen Onkel, der seit 40 Jahren eine Schachtel am Tag raucht und weder an Herz-, Kreislauf- noch anderen Beschwerden leidet (ja, sie zitieren ihn wirklich). Andere nennen bekennende prominente Kettenraucher wie Schauspieler Johannes Heesters oder erinnern sich an »Super-Mario« Basler, für den Rauchen und Fußballspielen offensichtlich kein Widerspruch ist.

Wer es schafft, hat den billigsten Ausstieg gewählt und darf sich glücklich schätzen. Wer schon mehrfach ohne Hilfen aufgehört, aber immer wieder rückfällig geworden ist (durchschnittlich versuchen Raucher bis zu fünfmal pro Jahr, von den Zigaretten loszukommen), sollte einmal die Methode wechseln.

Kosten

Es entstehen keine Kosten, wenn die Methode ohne Hilfsmittel ausgeführt wird. Ansonsten kommt der Preis für eine Kombination mit Nikotinkaugummi, -bonbons, -pflaster oder andere Strategien hinzu.

Erfolgsaussichten und Bewertung nach internationalen Standards

Das spontane Aufhören gilt wegen der enormen Rückfall-Gefahr als die »gefährlichste« Methode. Die Erfolgsraten liegen bei durchschnittlich fünf Prozent. Es gilt aber als gesichert, dass Bücher wie dieses und Broschüren (Bibliotherapie), eben alles, was die Motivation fördert, den Ausstieg deutlich erfolgreicher machen. Die Chancen steigen weiter, wenn der Raucher einen Experten für ein unterstützendes Beratungsgespräch konsultiert. Schon ab drei Minuten Zuwendung auf Rezept steigt das Erfolgsbarometer um zwei Prozentpunkte nach oben (Smoking Cessation Guidelines and their Cost Effectiveness 1998).

Als wissenschaftlich gesichert gilt, dass die Erfolgschancen sich verdoppeln, wenn der Entwöhnungswillige gleichzeitig einen Nikotinkaugummi, ein -pflaster, -Lutschbonbon oder -spray verwendet. In Deutschland sind Kaugummi, Lutschtabletten und Pflaster in unterschiedlichen Dosierungen zugelassen und in Apotheken erhältlich. Wenn Sie also Ihren Arzt konsultieren, dieses Buch lesen, die Tipps (Vorbereitung auf den Tag X!) befolgen, sich Nikotin-Präparate besorgen und dazu noch regelmäßig Sport treiben, haben Sie gute Chancen.

Fallbeispiel: »Die glühende Gier im Keim ersticken«

Hans G. aus Landsberg war bis zum Frühjahr 1999 ein Stressraucher aus Überzeugung. Täglich qualmte der 35-Jährige im Büro oder zu Hause, wenn er am Computer die CD seiner Band bearbeitete und Country-Lieder komponierte. Die ersten CDs kosteten ihn unzählige Schachteln, wurden aber in zahlreichen Radiosendern gespielt und von der Kritik hochgelobt. G. triumphierte. Trotzdem stellte er mit Erschrecken fest, dass seine Tagesration anstieg: Mindestens eine Schachtel war ein Muss. Klingelte das Telefon, langte seine Hand automatisch nach der Packung und dann zum Feuerzeug.

»Kamen Gespräche im hektischen Drei-Minuten-Takt rein, dampften schon einmal zwei bis drei brennende Zigaretten im Aschenbecher«, erinnert sich der Redakteur und Musik-Liebhaber. »Irgendwann ging mir die Qualmerei furchtbar auf die Nerven, und ich beschloss, einfach aufzuhören.«

Mit Erfolg. Von einem auf den anderen Tag, gewappnet mit unerhörter Willenskraft, beschloss G., die Finger von den Zigaretten zu lassen. Nach jedem Mittagessen spazierte er mit Kollegen einmal um den Block, anstatt sich wie sonst eine anzustecken.

Dem Ausstieg mit der Do-it-yourself-Methode waren mehrere gescheiterte Versuche vorausgegangen, doch diesmal blieb Hans G. eisern. Anfälle von Schmacht und glühender Gier nach der Zigarette erstickte er mit geschickten Ablenkungsmanövern im Keim. Insgesamt fühlt er sich jetzt viel wohler. Sein Erfolgsrezept: »Musik als Ablenkung.«

Diagnosekriterien für Nikotinabhängigkeit

Kriterium für eine Sucht	Beispiele bei Rauchern
Substanztoleranz, z.B.	
• Es besteht ein Bedürfnis nach immer größeren Mengen der Substanz, um den gewünschten Effekt zu erzielen • Sichtbar nachlassender Effekt nach regelmäßigem Gebrauch der gleichen Substanzmengen	• Die meisten Raucher rauchen im Alter von 25 Jahren ein Päckchen oder mehr pro Tag • Schwindel oder Übelkeit wird nicht mehr empfunden
Entzugserscheinungen, z.B.	
• das typische Bild des Entzugs für diese Substanz	• depressive Stimmung • Schlaflosigkeit • Reizbarkeit, Frustration oder Wut • Ängstlichkeit • Konzentrationsstörungen • Unruhe • verminderter Herzschlag • vermehrter Appetit, Gewichtszunahme
Die Substanz wird verwendet, um Entzugserscheinungen zu verhindern	• Viele Menschen rauchen, um Symptome wie Reizbarkeit oder Konzentrations-Störungen zu unterdrücken oder zu kontrollieren

Diagnosekriterien für Nikotinabhängigkeit

Kriterium für eine Sucht	Beispiele bei Rauchern
	• Viele Raucher stecken sich sofort eine an, nachdem sie sich in einem Nichtraucherbereich aufgehalten haben
Die Substanz wird oft in größeren Mengen oder über einen längeren Zeitraum genommen als geplant	• Die meisten Raucher planen nicht, fünf Jahre später immer noch zu rauchen, aber 70% rauchen trotzdem weiter • Wenige Raucher können die Anzahl der gerauchten Zigaretten beschränken
Es besteht der ständige Wunsch oder es erfolgen vergebliche Versuche, weniger Substanz zu sich zu nehmen	• In den USA haben 77% aller Raucher schon mal aufgehört, 55% waren nicht erfolgreich; nur 5 bis 10% derjenigen, die von allein aufhören, schaffen es • Die Rückfallquoten nach einer Raucherentwöhnung entsprechen denen von Alkohol und Heroin
Viel Zeit wird darauf verwendet, die Substanz zu beschaffen, sie anzuwenden und sich von ihrem Effekt zu erholen	• Verlassen des Arbeitsplatzes, um zu rauchen • Kettenrauchen

Diagnosekriterien für Nikotinabhängigkeit

Kriterium für eine Sucht	Beispiele bei Rauchern
Wichtige soziale Aktivitäten oder Freizeitaktivitäten werden aufgrund der Substanzeinnahme aufgegeben	• Einen Arbeitsplatz nicht annehmen wegen Nichtraucherbüros oder Beschränkung am Arbeitsplatz
Die Substanz wird weiter genommen, obwohl der Benutzer um seine gesundheitlichen und psychologischen Probleme weiß, die durch die Substanz hervorgerufen werden	• Viele Raucher leiden an einer Herzerkrankung oder chronischen Erkrankungen der Atemwege und rauchen trotzdem weiter • 38% fangen wieder an zu rauchen, noch während sie im Krankenhaus liegen • 40% rauchen nach einer Kehlkopfentfernung • Die meisten geben zu, dass Rauchen ihrer Gesundheit geschadet hat, rauchen aber trotzdem weiter

Quelle: in Anlehnung an American Psychiatric Society 1996

Bereits im Jahr 1619 urteilte König Jakob I. von England: »Wen der Tabak erfasst hat, der kann nicht leben ohne ihn ...« Es kann gar nicht oft genug wiederholt werden, dass es sich noch nicht genügend unter Ärzten, Rauchern oder Nichtrauchern herumgesprochen hat, dass Nikotin schwer abhängig machen kann. Folglich kann ein noch so stark entschlossener Ausstiegskandidat an die Grenzen seiner Möglichkeiten geraten, wenn er aufhören möchte.

Fagerström-Test zur Nikotinabhängigkeit

Wie süchtig sind Sie?

1. Wie schnell nach dem Aufwachen stecken Sie sich eine Zigarette an?
- innerhalb von fünf Minuten (3 Punkte)
- sechs bis 30 Minuten (2 Punkte)
- 31 bis 60 Minuten (1 Punkt)
- nach 60 Minuten (0 Punkte)

2. Finden Sie es schwierig nicht zu rauchen, wenn dies an bestimmten Orten verboten ist (zum Beispiel Kirche, Bibliothek, Kino, Nichtraucherbüro)?
- ja (1 Punkt)
- nein (0 Punkte)

3. Auf welche Zigarette würden Sie am wenigsten verzichten wollen?
- die erste am Morgen (1 Punkt)
- alle anderen (0 Punkte)

4. Wie viele Zigaretten rauchen Sie pro Tag?
– 10 oder weniger (0 Punkte)
– 11 bis 20 (1 Punkt)
– 21 bis 30 (2 Punkte)
– 31 oder mehr (3 Punkte)

5. Rauchen Sie morgens in den ersten Stunden nach dem Aufwachen mehr als über den restlichen Tag verteilt?
– ja (1 Punkt)
– nein (2 Punkte)

6. Rauchen Sie, auch wenn Sie sich so krank fühlen, dass Sie im Bett bleiben?
– ja (1 Punkt)
– nein (0 Punkte)

Auswertung:
Ab über 5 Punkten besteht eine starke Abhängigkeit.

Wer zwischen drei und fünf Punkten liegt, leidet an einer mittleren Abhängigkeit.

Bei 0 bis zwei Punkten besteht keine oder eine geringe Abhängigkeit.

Zehn wichtige Ausstiegsstrategien

1. Die Zigaretten-Diät

Diese Entwöhnungsstrategie ist ein Ausstieg auf Raten: Einige starke Raucher reduzieren ihren Zigarettenkonsum über einen gewissen Zeitraum immer weiter, bis sie zu Gelegenheitsrauchern mutiert sind und die Qualmerei im Griff haben – so zumindest die Theorie. Für viele Nikotin-Süchtige ist die Zigaretten-Diät eine akzeptablere Vorstellung als die im letzten Kapitel beschriebene radikale Null-Lösung. Von 40 Zigaretten auf 30, 20, 10 und dann immer weniger zu reduzieren, lässt sich für einige leichter im Kopf verarbeiten als ein völliger Verzicht ab einem Tag X. Viele träumen sogar davon, langfristig als Gelegenheitsraucher nur noch bei besonderen Anlässen oder speziellen Genüssen zum Tabak zu greifen.

Vom Suchtaspekt ist der allmähliche Verzicht auch als weichere Lösung zu verstehen: Die Drogen-Kicks durch das Nikotin im Blut werden weniger und der Körper passt sich dem Nachlassen der Giftzufuhr an. Im Gehirn wird das Belohnungssystem durch die nachlassende Nikotinversorgung seltener angeregt und »lernt«, auch mal längere Zeit ohne die Droge auszukommen. Das klingt alles sehr viel versprechend, es fehlt nur der praktische Beweis. Ob es durch die Zigaretten-Diät tatsächlich leichter fällt aufzuhören, ist eine sehr individuelle Erfahrung. Ein erfolgreicher Raten-Aussteiger berichtet, dass er »ohne Entzugssymptome von den Zigaretten langsam Abschied nahm« und die Lust auf einen Lungenzug langsam verflog.

Andere berichten von ewigen Rückfällen. »Ich habe innerhalb eines Monats von 40 auf fünf Zigaretten pro Tag reduziert«, so eine Befragte, »doch bei der Vorbereitung einer stressigen Präsentation« sei sie wieder auf über 30 Zigaretten pro Tag gekommen. Sie raucht mit noch schlechterem Selbstbewusstsein weiter und vermutlich auch noch, wenn Sie diese Zeilen lesen.

Darin liegt auch die Gefahr der Zigaretten-Diät: Sie gaukelt einen Erfolg vor – doch der entscheidende Schritt ist nicht getan: die Befreiung von der Sucht. Auch wenn man statt 40 nur noch 15 Zigaretten am Tag raucht – man ist süchtig nach dem Nikotin. Und wenn die Bereitschaft, das Leben komplett auf Gesundheit & Genuss umzustellen, fehlt, sind die Erfolgsaussichten entsprechend gering. So führt die Zigaretten-Diät zu häufigen Rückfällen, weil auch der Nimbus des tatsächlichen Erfolgs (»ich bin schon seit x-Tagen Nichtraucher«) fehlt. Der Traum vom Gelegenheitsraucher ist auch Teil des Selbstbetrugs von Nikotinsüchtigen – er funktioniert (von äußerst seltenen Ausnahmen abgesehen) nicht, weil die Prozesse im Gehirn stärker als der freie Wille sind.

Sinnvoll erscheint die Diät-Methode lediglich, wenn sie der erste Teil eines umfassenden Ausstiegsplans ist, bei dem alle wichtigen Vorbereitungen (siehe letztes Kapitel) getroffen werden, um den Zigarettenverzicht konsequent umzusetzen.

Spezielle Tipps: Diese Methode ist für willensstarke Raucher geeignet. Sie sollten den Zigaretten-Konsum innerhalb von drei bis fünf Wochen einstellen und sich rigoros an einen selbst aufgestellten Reduktions-Plan halten. Es ist hilfreich, den Zeitpunkt der ersten Zigarette morgens möglichst lange hinauszuzögern.

2. Akupunktur

Die alte chinesische Heilmethode hilft erwiesenermaßen bei einer ganzen Reihe von Erkrankungen und zum Beispiel gegen Schmerzen. Das überprüfte das NIH (National Institute of Health) in Bethesda bei Washington, die größte staatliche US-Forschungsbehörde, anhand von insgesamt 2000 Studien.

Bei der Akupunktur sticht der Heilpraktiker oder Arzt je nach Indikation eine Nadel in spezielle Punkte am Ohr, am Rücken, an der Hand oder am Bein. Bei Kopfschmerzen sticht er also andere Punkte an als bei Übelkeit nach einer Chemotherapie oder eben bei der Raucherentwöhnung. Die Punkte sind mit Meridianen verbunden, Adern, in denen – so die Theorie der alten chinesischen Meister – Energien fließen. Werden diese durch die Nadeln aktiviert, reagiert der Körper als Ganzes.

Neunzig Prozent aller Schmerzambulanzen der Krankenhäuser haben die Akupunktur in ihr Programm aufgenommen, schätzungsweise 20 000 bis 30 000 Ärzte haben sich darauf spezialisiert. Zahlreiche schulmedizinische Kliniken wie zum Beispiel das Universitäts-Klinikum Großhadern in München, die Charité in Berlin, aber auch kleinere städtische Häuser wie das Marienhospital in Osnabrück, verwenden die Akupunktur inzwischen neben anderen Therapiemethoden. Jedoch immer in gezielten Einsatzbereichen wie bei der Schmerzbekämpfung, Übelkeit oder beim Hörsturz.

Klinische Studien, die sich auf Bild gebende Verfahren stützen, verhalfen der Methode zum Durchbruch und zu wissenschaftlicher Anerkennung. Diese High-Tech-Verfahren der Medizin ermöglichen es, dem menschlichen Gehirn bei der Arbeit zuzusehen, und beweisen, was viele Zweifler jahrelang für unmöglich hielten:

»Es gibt offensichtlich eine enge Beziehung zwischen Akupunkturpunkten, Reaktionen im Gehirn sowie den erkrankten Regionen im Körper, die nach der chinesischen Lehre mit den Akupunkturpunkten verbunden sind«, sagt Akupunktur-Experte Irnich vom Klinikum Großhadern der Universität München.

Wissenschaftliche Würdigung

Gerhard Litscher und Gerhard Schwarz von der Universitätsklinik Graz belegten einen Zusammenhang zwischen Akupunktur und Blutflussgeschwindigkeit im Gehirn. Der Radiologe Zang-Hee Cho von der Universität Kalifornien spähte mit der Kernspintomographie (Magnetresonanz-Tomographie MRT) in die Schädel von zwölf Probanden, während sie Akupunkturnadeln gesetzt bekamen. Der Arzt zielte auf die »Augenpunkte« und beobachtete eine Aktivierung im visuellen Zentrum.

Akupunktur vermag ebenfalls das Herz-Kreislauf-System zu beeinflussen. Dies bewiesen John Longhurst von der Universität Kalifornien und Lee Peng aus Shanghai. In ihrem Versuch reizten sie diejenigen Nerven von Katzen, die die Herztätigkeit kontrollieren, mit schwachen elektrischen Strömen. Daraufhin sank der Blutdruck.

Wissenschaftlich bislang nicht erwiesen ist, ob Akupunktur auch bei der Raucherentwöhnung hilft. Erfolge werden von den Therapeuten selbst berichtet, ebenso von Patienten. Jedoch nicht jeder Patient reagiert auf die Therapie.

Suche nach Suchtpunkten

Ziel der Anti-Raucher-Akupunktur ist es, das unbändige Suchtverlangen (»craving«) des frisch gebackenen Nichtrauchers zu bekämpfen. Kann es nicht überwunden werden, treibt es ihn in den Rückfall.

Die so genannten Suchtpunkte liegen am Ohr. Zunächst ortet der Akupunkteur diese Stellen, deren Lage dem Therapeuten zwar ungefähr bekannt sind, die aber aufgrund der individuellen Ohrform bei jedem Menschen ermittelt werden müssen.

Mit der stumpfen Spitze der Akupunkturnadel tastet sich der Therapeut entlang der Ohrmuschel und fragt den Patienten, wann es »wehtut«. Das Berühren der druckempfindlichen Suchtpunkte ruft ein leicht unangenehmes Schmerzgefühl hervor. Dieses zeigt dem Patienten an, dass der Therapeut die Suchtpunkte gefunden hat.

Ob das Stechen der Nadeln in die Punkte schmerzlos vor sich geht, hängt von jedem Patienten und vom Geschick des Therapeuten ab. Jeder Patient reagiert anders auf die Behandlung. Während einige Therapeuten berichten, die Prozedur ginge schmerzfrei vor sich, meinen andere, dass das Stechen sehr wohl mit einem »Pieksen« verbunden sei.

Andere Akupunkteure stechen in den Rücken, weitere stechen das Ohr und belassen kleine, drei Millimeter lange Dauernadeln über mehrere Tage im Ohr. »Die Dauer der Behandlung ist individuell sehr unterschiedlich«, weiß Monika Gerhardus von der Union deutscher Heilpraktiker aus Schöneck. »Bei einigen Patienten denkt man nach der ersten Nadel: Das war es. Bei anderen muss man sehr viel Geduld haben, bevor die Therapie anschlägt.« Durchschnittlich ist bei den Patienten, die gut auf die Akupunktur reagieren, nach fünf Sitzungen eine stabile Situation erreicht.

Manchmal jedoch geht gar nichts, da muss man eben eine andere Strategie wählen. »Man sollte keine Raucherentwöhnungsmethode in den Himmel loben. Keine funktioniert zu 100 Prozent,« urteilt die Heilpraktikerin Gerhardus.

Für die Psychologin Anne Wilkening, 32, die Raucherentwöhnung an der Geburtsklinik der Charité anbietet, kann Akupunktur ein erster Schritt auf dem Weg zu einer Verhaltenstherapie sein. Während einer 20- bis 40-minütigen Sitzung nadelt sie fünf Suchtpunkte am Ohr des Betroffenen. Bei Patienten, die die Nadeln nicht mögen, klebt sie Akupunkturpflaster mit einer kleinen Metallkugel ans Ohr, die etwa drei Tage lang getragen werden können. Damit sollen die Betroffenen herumspielen und die Kügelchen auf die Suchtpunkte drücken.

Bei wem wirkt Akupunktur?

An Akupunktur muss man nicht glauben, damit sie wirkt. Bei welchen Patienten die Nadelstiche das Suchtgefühl dämpfen, lässt sich nicht von vornherein sagen. Starke Raucher, die mehrfach aufgrund ihrer unbändigen »cravings« rückfällig geworden sind, wären ebenso potentielle Kandidaten für eine Akupunktur wie unvorbehandelte Aussteiger. Alle Patienten, die der Methode neugierig gegenüberstehen und sie eventuell auch zur Bekämpfung anderer Beschwerden wie Rückenschmerzen einmal ausprobieren wollen, sind geeignet.

Einige Therapeuten nadeln gleichzeitig die Punkte, die Heißhunger unterdrücken können, und beugen somit einer übermäßigen Gewichtszunahme vor. Für Betroffene, die besonders Angst davor haben, ein paar Kilo zuzunehmen, wird dies als hilfreich empfunden.

Kosten

Eine gute Akupunkturanwendung kostet je nach Experte etwa 40 bis 80 Euro und muss meist privat bezahlt werden. Nimmt man einen Durchschnittswert von fünf Behandlungen, kostet die Therapie etwa 200 bis 400 Euro. Einige Privatversicherungen übernehmen die Kosten der Therapie.

Erfolgsaussichten und Beurteilung nach internationalen Standards

Etwa die Hälfte aller Patienten, so die Angaben der Therapeuten selbst, sprechen auf die Methode an. In der Regel reichen durchschnittlich drei bis zehn Sitzungen, bis der Patient kein Verlangen nach der Zigarette mehr spürt. Das amerikanische NIH (National Institute of Health) schätzt den Erfolg der Methode als nicht wissenschaftlich gesichert ein. Das bedeutet, dass die Studien an Patienten bislang noch nicht bewiesen haben, dass Akupunktur bei Raucherentwöhnung wirklich hilft.

Allerdings haben alternative Methoden wie Homöopathie, Akupunktur oder andere naturheilkundliche Verfahren es immer schwer, streng wissenschaftlichen Kriterien zu genügen. Bislang schaffte es die Akupunktur nur bei wenigen Indikationen zu einer wissenschaftlichen Anerkennung, und zwar bei postoperativen Zahnschmerzen, bei Übelkeit nach Chemotherapie, nach der Operationsnarkose oder bei Übelkeit während der Schwangerschaft.

Erste Hinweise auf vorhandene Wirksamkeit ermittelte die gestrenge Behörde zusätzlich bei Rücken-, Kopf- und Regelschmerzen sowie beim Tennisarm. Günstig auf die Erfolgsquote bei der Raucherentwöhnungstherapie könnte sich, so Experten, die intensive Betreuung durch den Akupunkteur auswirken. Dessen Beratung und Motivation steigere möglicherweise die Erfolgsaussichten um einige Prozentpunkte an sich.

Fallbeispiel: »Ich habe erst nicht daran geglaubt.«
Der 60-jährige Peter F. aus Essen rauchte rund 40 Jahre lang. »Zwei Schachteln am Wochenende, das war gar nichts«, erinnert sich der Angestellte. Alle Versuche, von seiner Sucht loszukommen, versandeten spätestens nach einigen Wochen. Dann empfahl ihm ein Freund, es doch einmal mit der Akupunktur zu versuchen. »Aber daran geglaubt habe ich von Anfang an eigentlich nicht«, gesteht F. Die Methode hielt er, nach allem, was er darüber gehört hatte, für Hokuspokus. Erst als ihm ein Bekannter davon erzählte, bei ihm habe die Strategie geholfen, fragte sich F., ob er es nicht auch einmal versuchen solle.

Mit Erfolg: Als die Heilpraktikerin ihm eine Nadel ins Ohr setzte, verspürte F. eine leichte, undefinierbare Reaktion im ganzen Körper. Am nächsten Morgen hatte er keine Lust mehr auf seine Zigaretten, ein völlig neues Gefühl für den Kettenraucher. »Meine Frau, der ich nichts von meinem Termin bei der Heilpraktikerin erzählt habe, konnte gar nicht glauben, dass ich mir nicht schon vor dem Frühstück eine ansteckte«, erzählt er. »Ich selbst dachte immer wieder: Warum hast du nicht dieses Drängen nach dem Nikotinkick?«

Für F. änderte sich das Leben nach den Stichen, denn erstmals erlebte er, wie anders er sich ohne die ständige Schmacht fühlte. Ihn durchflutete ein Glücksgefühl, ein riesiger Stolz, es zumindest für wenige Stunden geschafft zu haben, den Teufelskreis zu durchbrechen.

Noch zwei weitere Akupunkturtermine brachten bei ihm den Durchbruch. Zwar verspürte F. kein starkes Verlangen nach Zigaretten, doch in vielen Situationen wurde er nervös, da die gewohnten Handgriffe nach der Schachtel, nach dem Feuerzeug und dem Gefühl der Zigarette zwischen den Fingern plötzlich tabu waren. »Ich habe immer einen Kugelschreiber greifbar gehabt, sonst hätte ich nicht gewusst, was ich mit meinen Händen machen sollte.«

Eines Tages wurde F. doch neugierig. Was passiert wohl, wenn ich mir eine anstecke, fragte er sich. Heimlich schlich er in den Keller, fand dort eine versteckte Restschachtel seiner Lieblingsmarke und steckte sich eine an. »Dann wurde mir richtig übel«, erinnert er sich heute.

3. Verhaltenstherapie

»Schauen Sie mal da drüben das Pärchen im Café, wenn das man nicht Liebe ist«, ruft Verhaltenstherapeut Hans-Ulrich Wittchen vom Max-Planck-Institut für Psychiatrie in München und der Universität Dresden seinem Begleiter Hermann M., der an seinen Fersen klebt, zu. Der Manager raucht seit zwei Wochen nicht mehr, doch immer wieder quälen ihn anfallartige Suchtattacken. Seit einer Dreiviertelstunde marschieren Therapeut und Patient durch München, während Wittchen fleißig Notizen auf seinen Block kritzelt. Akribisch protokolliert er Werte fürs Befinden: Wie groß sind Nervosität, Gereiztheit und Suchtverlangen nach einer Zigarette? Immer wieder hakt er nach.

Zunächst geht Wittchen eine ungefährliche Strecke ganz ohne »Schlüsselreize«. Der Therapeut notiert gute Noten für die Psyche.

Dann wird es schwieriger: Vorbei an verführerischen Zigarettenautomaten, steuert er gezielt auf Werbeschilder zu, von denen glücklich lachende, genüsslich an ihrem Glimmstängel saugende Menschen herunterschauen, oder passiert Cafés, in denen sich Verliebte wie hypnotisiert in die leuchtenden Augen starren – und dabei rauchen. (Ach, muss »das« schön sein!)

Der Ex-Raucher denkt: Die blonde Tussi reizt mich nicht, aber an dieser filterlosen französischen Zigarette würde ich mal gerne lutschen. »Sind Sie jetzt gereizt?«, will Wittchen wissen. Nervös fingert Hermann M. an seiner Jacke und schaut demonstrativ in eine andere Richtung – das gibt Punktabzug.

»In schweren Fällen wie bei diesem Patienten gibt es Verhaltenstherapie als Einzelstunde«, erläutert Wittchen das Konzept. «Dann muss zu der schweren Abhängigkeit von Zigaretten aber noch eine andere Komponente kommen, beispielsweise eine Angsterkrankung.«

Was ist eigentlich Verhaltenstherapie?

Die Methode basiert auf der Theorie, dass ein Lernprozess das Rauchverhalten verändern kann. Kurz zusammengefasst sind die Ziele der Verhaltenstherapie zur Raucherentwöhnung:

- Das Verhalten des Rauchers inklusive seiner Wahrnehmung zu ändern.
- Sein Nichtrauchen zu unterstützen.
- Ihm Mittel an die Hand zu geben, in Risikosituationen nicht rückfällig zu werden (Rückfallprophylaxe).

(Quelle: Practice Guidelines for the Treatment of Patients with Nicotine Dependence, Work Group on Nicotine Dependence, John R. Hughes, erschienen in »American Psychiatric Association Practice Guidelines«, 10. Oktober 1996)

In der Regel findet Verhaltenstherapie in der Gruppe mit drei bis sechs Gleichgesinnten statt. Jeder diskutiert über seine Probleme, von der Zigarette wegzukommen, und findet Verständnis und Anerkennung für noch so winzige Erfolge. Das motiviert und erhöht die Erfolgsaussichten des Einzelnen. Anders als in der reinen psychotherapeutischen Gruppenstunde wird der Patient angehalten, aktiv etwas selbst zu tun.

»Ich rate manchmal Patienten, einen roten Punkt auf alle Gegenstände zu kleben, die einen Schlüsselreiz auslösen«, erläutert Professor Wittchen vom Max-Planck-Institut für Psychiatrie in München. Ob das die Bier- oder Rotweinflasche am Abend ist, bei deren Genuss der Raucher sich gerne eine angesteckt hat, die Kaffeemaschine, die das Verlangen auslöst, das Telefon oder das Lenkrad im Auto. Kommt es schlimm, kleben überall rote Punkte, die an den Entschluss, nicht mehr zu rauchen, erinnern sollen. Letztendlich ist jede Methode recht, altes Verhalten in neues, nichtrauchergerechtes Verhalten umzumünzen. Und dazu sind manchmal eben ungewöhnliche Maßnahmen nötig.

Das Rauchertagebuch

Viele Therapeuten lassen ihre Patienten ein Rauchertagebuch führen. Die Aufzeichnungen sollen den Betroffenen immer wieder daran erinnern, nochmals den Tag Revue passieren zu lassen, die Auslöserliste für das Rauchen zu überdenken und den Therapieverlauf zu kontrollieren.

Das sieht zum Beispiel so aus:

Situationsbeschreibung: 9.30 Uhr. Ich sitze in meinem silbernen Audi TT und fahre gut gelaunt durch die Münchener Innenstadt in mein Schwabinger Büro. Der Tag fing gut an. Meine neue Freundin ist total in mich verliebt und brachte mir einen Kaffee ans Bett. In den Nachrichten bringt der Sprecher gerade die Meldung, dass die Börsenkurse ins Bodenlose fallen. Verdammt. Aus Frust will ich mir sofort eine anstecken.

Beschreibung der Gefühle: Alles war prima, bis die Börsennachrichten kamen. Die Zigarette fehlt mir. Die brauche ich als Krönung meines Wohlgefühls im Auto. So ein Mist. Ich werde immer nervöser, will mir unbedingt eine anstecken, will sofort ins Internet, um mein Aktiendepot zu checken.

Aktion: Ich habe die Börsennachrichten ausgestellt, bin rechts rangefahren und habe auf dem Handy meinen Kumpel Jörn angerufen und erst einmal über die Geldvernichtung an der Börse geschimpft. Gleichzeitig das Handy halten und mir eine anstecken ist schwierig. Die Diskussion am Telefon lenkt mich ab.

Merkzettel verteilen

Es mag dem einen oder anderen seltsam vorkommen, aber es hilft – zumindest nach Meinung der Verhaltenstherapeuten. Zettel mit Botschaften an den Nichtraucher, die in der Wohnung oder am Arbeitsplatz verteilt werden und immer wieder den eigenen Entschluss unterstützen. Das könnte beispielsweise so aussehen:

- Nichtraucher sind unabhängiger!
- Rauchfrei lebt sich's länger!
- Rauchfrei ins 21. Jahrhundert!
- Ich will es! Ich kann es! Ich schaffe es!
- Ich vermisse nichts!

Yoga-Lehrer zum Beispiel arbeiten auch mit solchen repetitiven unterstützenden Sätzen, dort heißen sie Mantra (zum Beispiel: »Ich bin ganz ruhig und entspanne mich«). Auch das autogene Training (»Mein linkes Bein wird schwer, mein rechtes Bein wird schwer ...«) erinnert an die Merkzettel der Verhaltenstherapeuten; selbst der Volksmund weiß: Steter Tropfen höhlt den Stein.

Für wen ist die Verhaltenstherapie geeignet?

Wer noch nie einen Versuch gestartet hat, von allein mit dem Rauchen aufzuhören, sollte erst einmal eine andere Methode ausprobieren. Eine Verhaltenstherapie bleibt denjenigen vorbehalten, die schwer suchtkrank sind und ohne gezielte Hilfe nicht von den Zigaretten loskommen. Die Indikation dazu stellt ein Therapeut. Entweder niedergelassene Psychiater mit entsprechender verhaltenstherapeutischer Ausbildung oder Ärzte an Kliniken können die Beratung übernehmen.

Gleichzeitig kann es sein, dass der willige Nikotinaussteiger parallel an einer anderen Erkrankung leidet, für die eine Verhaltenstherapie in Frage kommt, also an einer Depression (jeder zehnte Deutsche leidet an der Gemütserkrankung) oder an Angstattacken. So könnte er zwei Fliegen mit einer Klappe schlagen und den mitunter schweren Gang zum Therapeuten aufgrund von Angst oder Depression durch den Zusatznutzen der Raucherentwöhnung etwas erleichtern.

Kosten

Die Kosten der Verhaltenstherapie, etwa 40 bis 50 Euro pro Gruppenstunde, bezahlt bei gestellter Indikation die Krankenkasse. Meistens werden 20 Stunden genehmigt, also die Zeit für eine Kurzzeittherapie. Einige Zentren bieten auch günstige Einzelstunden bereits ab 25 Euro an. Manchmal muss privat gezahlt werden.

Erfolgsaussichten und Bewertung nach internationalen Standards

Über 100 kontrollierte Studien haben inzwischen eindeutig bewiesen, dass die Verhaltenstherapie effektiv ist. Die Mehrzahl der Analysen belegen nach sechs Monaten eine Erfolgsrate von 20 bis 25 Prozent. Eine unterstützende Verhaltenstherapie verdoppelt die Chancen, dass eine Raucherentwöhnung mit einer anderen Methode, etwa der Do-it-yourself-methode, erfolgreich ist. (Quelle: Practice Guidelines for the Treatment of Patients with Nicotine Dependence, Work Group on Nicotine Dependence, John R. Hughes, erschienen in »American Psychiatric Association Practice Guidelines«, 10. Oktober 1996)

Intensive Unterstützung in Form von Verhaltenstherapie erzielt die besten Werte, nämlich acht Prozent. In Verbindung mit Nikotinersatztherapie sogar 16 Prozent. Diese Zahlen gelten in der Regel für Gruppenprogramme, da Einzelstunden, wie im obigen Beispiel beschrieben, die Ausnahme bilden.

4. Raucherentwöhnung für Schwangere

Nur wenige Kliniken bieten eine spezielle Raucherentwöhung für Schwangere. Eine davon ist die Geburtsklinik an der Charité in Berlin, Wedding. Viele Experten haben sich an diesem Thema die Zähne ausgebissen, das Problem war stets, dass die Mütter kein Interesse an der Raucherentwöhnung zeigten. Nur mit ganz gezielten Programmen kann es gelingen, schwer abhängigen Müttern und deren Partnern zu helfen.

Nicht jede Schwangere hört automatisch mit dem Rauchen auf. Das »Mitrauchen« des Säuglings in der elterlichen Wohnung ist ein wichtiger Faktor für den plötzlichen Kindstod. Das Risiko des plötzlichen Kindstods sinkt, wenn die Schwangere das Rauchen einstellt.

Eine Übersicht aller Fall-Kontroll-Studien aus den Jahren 1993 bis 1995 kommt zu dem Ergebnis, dass etwa zwei Drittel aller Totgeburten und Todesfälle im Säuglingsalter zu vermeiden wären, wenn Schwangere und Eltern nicht rauchen würden. Das Risiko einer Fehlgeburt verringert sich.

Frauen, die während der Schwangerschaft rauchen, haben ein etwa 30 Prozent erhöhtes Risiko, eine Fehlgeburt zu erleiden.

Passivrauchen – eine schwere Last für Ihr Kind

Die Chancen, dass sich die Lungen des Kindes gesund entwickeln, verbessern sich, wenn die Mutter mit dem Rauchen aufhört. Die Gefahr, im ersten Lebensjahr eine Bronchitis, eine Lungenentzündung oder andere Erkrankungen der oberen Atemwege zu erleiden, ist bei Kindern rauchender Eltern etwa doppelt so hoch. Eine aus 100 Einzelstudien zusammengefasste Übersichtsarbeit von Professor Derek Cook und Professor David Strachan von der St. George's Hospital Medical School vom Oktober 1999 fand heraus: Das Risiko eines Kindes, an einer Bronchitis oder Lungenentzündung zu erkranken, steigt um 60 Prozent, wenn es passiv die Zigaretten der Eltern mitraucht.

Die Häufigkeit von allergischen Reaktionen bei einem Kind wird gesenkt. Berechnungen aus den USA zufolge würde die Gesamtzahl der an Asthma erkrankten Kinder in der Bevölkerung um etwa acht bis 13 Prozent gesenkt werden, wenn die Kinder nach der Geburt keinem Passivrauchen ausgesetzt würden.

Erst schrittweise entwickelt sich bei Schwangeren die Motivation, das Leben in diesem Punkt umzustellen. Rauchen vermindert den Sauerstoffgehalt im Blut der Mutter und damit des Ungeborenen und belastet es gleichzeitig mit dem giftigen Kohlenmonoxid.

Mehrere Einrichtungen wie zum Beispiel die Bundeszentrale für Gesundheitliche Aufklärung (BZgA) in Köln haben Programme zur Raucherentwöhnung von Schwangeren entwickelt (»Rauchfrei für mein Baby«).

Experten meinen, dass immer noch viel zu wenige Frauenärzte auf die Frauen einwirken, und sie darauf aufmerksam machen, dass die Schwangerschaft ein guter Zeitpunkt ist, mit dem Rauchen aufzuhören.

Segelboot und Taucher

Anne Wilkening, Psychologin und Entwöhnungsexpertin an der Geburtsklinik der Charité weiß, wie sie Frauen erfolgreich davon überzeugt, dass Rauchen ihrem ungeborenen Kind schadet. »Ich male den Frauen, die zum Teil hier stationär liegen, weil die Werte ihres Babys so schlecht sind, und die immer noch rauchen, ein Bild auf«, erläutert sie ihre Strategie.

Zuerst malt sie ein Segelboot, dann unter das Boot einen Taucher. Beide verbindet sie mit einem Schlauch. Dann erklärt sie der werdenden Mutter: »Das Segelboot sind Sie, der Taucher Ihr Kind. Der Schlauch ist die Nabelschnur und Plazenta, mit dem das Kind Luft bekommt. Jedes Mal, wenn Sie rauchen, drücken Sie für 40 Minuten den Schlauch zu, so dass der Taucher nur noch ganz schwer atmen kann.« Nach diesem Gespräch muss sie nie wieder mit den Frauen darüber diskutieren, ob Rauchen wirklich schädlich für das Kind ist.

Machen Sie früh genug den ersten Schritt

Letztendlich gelten ähnliche Regeln wie bei der Do-it-yourself-Methode. Die spezielle Situation motiviert Schwangere allerdings weit mehr.

Schritt 1: Noch kein Interesse an Rauchverzicht
Das eigene Interesse, mit dem Rauchen aufzuhören, gilt als Grundvoraussetzung für einen erfolgreichen Ausstieg. Die Motivation entsteht meist von selbst, wenn der Zusammenhang zwischen Zigarettenkonsum, dem Einfluss auf die eigene Gesundheit und der Schädigung des Kindes klar wird.

Als am besten abgesichert gilt der Zusammenhang zwischen Rauchen in der Schwangerschaft und niedrigem Geburtsgewicht des Kindes, das durchschnittlich 200 Gramm leichter ist. Dieser Hinweis sollte nicht als »wenig bedenklich« eingestuft werden – einige Schwangere erwarten von einem geringeren Gewicht des Kindes eine leichtere Geburt. Ein niedriges Geburtsgewicht oder eine Frühgeburt können aber die Gesundheit des Kindes beeinträchtigen.

Schritt 2: Abwägen
Helfen Sie sich selbst, die Vor- und Nachteile des Rauchens abzuwägen. Eine Beratung durch den Arzt, der die Schwangerschaft betreut, erhöht die Erfolgsaussichten. Je mehr eine werdende Mutter und ein werdender Vater über den Zusammenhang zwischen Rauchen und den Risiken für das Kind wissen, desto größer ist logischerweise ihre Motivation, die Kraft für einen Ausstieg aufzubringen. Falls beide Eltern in spe rauchen, ist es für die Schwangere leichter, wenn der Partner mit der werdenden Mutter aufhört.

Schritt 3: Der Entschluss
Legen Sie einen Stopptag fest, auf den Sie sich gut vorbereiten. Je schneller dies während der Schwangerschaft geschieht, desto besser. In dieser Zeit zählt jeder Tag.

Schritt 4: Try and error
In dieser labilen Phase mit dem Risiko, rückfällig zu werden, können Motivatoren von außen helfen, den Entschluss zugunsten des ungeborenen Kindes aufrechtzuerhalten. Ein Blick auf die Liste mit den zusätzlichen Motivationsgründen hilft als »Denkzettel«, um die Anfälle von Lust auf eine Zigarette abzuwehren. Bei Routineuntersuchungen kann sich die Schwangere an ihren Arzt wenden. Es gilt als gesichert, dass eine Beratung durch den Arzt die Erfolgsraten beim Ausstieg verbessern.

Schritt 5: Geschafft
Wenn in dieser Phase der Partner ebenfalls nicht raucht, ist die Wahrscheinlichkeit groß, dass Sie erfolgreich sind.

Schritt 6: Rückfall
Nicht die eine Zigarette, mit der Sie rückfällig werden, ist hier entscheidend. Vielmehr ist wichtig, wie Sie es schaffen, Ihren Entschluss aufzuhören, auch nach einem Rückschlag aufrechtzuerhalten und zu bestärken.

Erfolgsaussichten und Bewertung nach internationalen Standards

Etwa 25 bis 30 Prozent aller Schwangeren verzichten von selbst auf den weiteren Zigarettenkonsum. Je nach der Qualität der Programme schwanken die Erfolgszahlen. Generell gilt: Die Raucherentwöhnungsberatung ist aussichtsreicher, wenn sie dem entsprechenden Motivationsniveau der werdenden Mutter angepasst ist.

5. Nikotinersatztherapie

Nikotin ist eine bemerkenswerte Suchtsubstanz. Sie kann stimulierend wirken oder Ängste mildern. Steht der Raucher unter höchstem Stress, beruhigt sie, fühlt er sich deprimiert, hebt Nikotin seine Stimmung. Die Substanz kann die Gedanken schärfen und die Konzentrationsfähigkeit verbessern. Sie vermag den Benutzer zu entspannen. Wenn er die physische Toleranz von Nikotin erreicht hat und den anfänglichen Schwindel nicht mehr spürt, wird Nikotin zur Allround-Droge.

Wir alle brauchen den kleinen Kick am Morgen, die nette Abwechslung am Nachmittag, wenn der Tag mal langweilig ist und sich die Stunden träge hinziehen. Die Belohnung am Abend, damit man sich richtig entspannen kann. Jeder von uns nimmt irgendetwas, um sich den Kick zu verschaffen: den Kaffee zwischendurch, das ständige Nuckeln an der Cola oder das kühle Bier frisch aus dem Kühlschrank am Abend. Andere stehen auf die ganz bestimmte Mischung Lakritze, auf ein bestimmtes Schokoladeneis oder sonst etwas, das bei ihnen garantiert die Stimmung hebt und eine wohlige Glückshormon-Ausschüttung im Oberstübchen nach sich zieht.

Doch wir müssen Kaffee schon in bedrohlichen Mengen zu uns nehmen, um den Effekt von Nikotin im Körper zu simulieren. Forscher meinen, dass gerade die schnelle Wirkung der Suchtsubstanz – sie erreicht in sieben Sekunden das Gehirn – zu der starken Abhängigkeit führt.

Die Nikotinersatztherapie basiert auf der Erkenntnis, dass der Raucher nach diesem Kick süchtig ist, und die meisten Versuche, von der Zigarette loszukommen, an seinem Verlangen nach Nikotin scheitern. Hunderte von Stoffen machen die Krebs erregende Wirkung von Tabak aus, doch das Nikotin hält die Raucher zudem bei der Stange, beziehungsweise beim Glimmstängel. Nikotin, so die Forscher, macht genauso abhängig wie Heroin.

Herkömmliche Ersatzpräparate gibt es in unterschiedlichen Dosierungen als Kaugummis, Pflaster und Lutschbonbons – **alle Nikotinersatztherapien sollten unbedingt mit dem Hausarzt abgesprochen werden!**

Nikotinpflaster

Rezeptfreie Nikotinpflaster gibt es in Apotheken zum Beispiel von Novartis (Nicotinell TTS) für circa 2,50 Euro das Stück. Die Wirkung des Pflasters beruht auf einer dauerhaften Nikotinabgabe durch die Haut. Meist kleben die Ex-Raucher das

Pflaster auf das Bein oder den Arm und ersetzen es nach 16 oder 24 Stunden durch ein neues. Anders als bei Zigaretten erlebt der Patient keinen plötzlichen, sekundenschnellen Nikotinkick, sondern wird mit einem gleich bleibenden Level der Suchtsubstanz versorgt. Dadurch sollen die Suchtattacken (»cravings«) gemildert oder unterdrückt werden.

> WICHTIG: Die Pflaster sollen morgens auf die Haut geklebt werden, allerdings erst, wenn der Zigarettenkonsum vollständig eingestellt ist.

Der User beginnt zumeist mit einer Dosis von 21 bis 22 Milligramm pro Tag. Der Körper absorbiert das Nikotin sehr langsam, so dass am ersten Tag der höchste Wert im Blut erst nach etwa sechs bis zehn Stunden nach Aufkleben des Pflasters gemessen werden kann. Danach pendelt sich eine gleich bleibende Nikotinkonzentration im Blut ein. Diese ist etwa um 50 Prozent niedriger als beim üblichen Zigarettenkonsum.

Nach vier bis sechs Wochen steigt der Ex-Raucher in der Regel auf ein Pflaster mit einem geringeren Nikotingehalt um. Ärzte empfehlen, Nikotinpflaster zwischen sechs und zwölf Wochen zu verwenden. Das »American Journal of Psychiatry« berichtet in einem Überblicksartikel, dass die meisten Studien – allerdings nicht alle – zeigen: Das radikale Absetzen der Nikotinpflaster führt nicht zu Entzugserscheinungen.

Nikotinkaugummi

Kaugummis, etwa mit zwei Milligramm Nikotin (Nicotinell von Novartis oder Nicorette von Pharmacia Upjohn) kosten pro Stück etwa 30 Cent. Sie sind im Gegensatz zu der höher dosierten Variante (vier Milligramm) rezeptfrei. Wer eine hohe Konzentration beim Kauen möchte, muss sie sich vom Arzt verschreiben lassen (Nicorette, vier Milligramm, Pharmacia Upjohn).

Orale Befriedigung

Einige Raucher schätzen es, genüsslich auf der Ersatzdroge herumzukauen, da sie zumindest einen Bruchteil der oralen Befriedigung bietet. Ebenfalls kann der Nichtraucher hin und wieder mit der Hand in eine Schachtel langen, ähnlich wie in den Auslösersituationen für seine Zigarette. Aber das ist auch alles.

Anders als bei den Zigaretten wird das Nikotin von Kaugummis in der Mundschleimhaut absorbiert, bei Zigaretten geht es in sieben Sekunden durch die Lunge über das Blut direkt ins Gehirn. Diese Schnelligkeit schafft das Kaugummi nicht – der Kick kommt jedoch schneller als beim Nikotin-Pflaster. Während des Rauchens ist der Nikotinlevel im Blut fünf- bis zehnmal höher als beim Kauen eines zwei bis vier Milligramm Nikotin enthaltenden Kaugummis.

Säurestoffe in der Mundschleimhaut schwächen die Nikotinabgabe in den Körper. Deswegen raten Ärzte, direkt vor, während und nach dem Kauen nichts zu trinken (Kaffee, Saft, andere Getränke). Dies würde die Nikotinkonzentration, die tatsächlich in den Körper gelangt, weiter verringern und die Wirkung des Kaugummis abschwächen.

Nikotin-Lutschtabletten

Sie eignen sich für alle, denen das Kauen zu mühselig ist. Ansonsten erfolgt die Aufnahme des Nikotins auch über die Mundschleimhaut. Die Bonbons (z.B. Niquitin, GlaxoSmith-Kline) gibt es in der 2mg- und 4mg-Ausführung. Die möglichen Nebenwirkungen (Magen-Darm) sind, wie auch bei den Kaugummis, im Beipackzettel beschrieben.

Nikotininhalatoren

Spezielle Geräte zum Inhalieren von Nikotin haben die Behörden bislang nur in den USA zugelassen, in Deutschland sind keine Geräte auf dem Markt.

Wie wirkt die Nikotinersatztherapie?

Pflaster, Kaugummis oder Sprays lindern die quälenden Entzugserscheinungen, hauptsächlich Ängstlichkeit, Wut, Reizbarkeit, Depressionen, Konzentrationsstörungen und Ungeduld. An diesen Symptomen scheitern viele Aufhörversuche, da der Raucher mit seiner mitunter außer Rand und Band geratenen Stimmungslage nicht mehr zurechtkommt.

»Ich habe geglaubt, ich reiße die Tapete von den Wänden«, erinnert sich Julia M., 24, Friseuse aus Detmold.

Schlafstörungen und Gewichtszunahme, weitere »Nebenwirkungen« des Ausstiegs, kann die Nikotinersatztherapie allerdings nicht beeinflussen. Nikotinkaugummis, so eine Studie im »American Journal of Psychiatry«, zögerten im Gegensatz zu Pflastern die Gewichtszunahme möglicherweise hinaus.

Je mehr der Raucher nikotinsüchtig war, desto höher sollte die Dosis in seinem Ersatzpräparat sein. Der Grad seiner körperlichen Abhängigkeit von dem Suchtstoff hängt davon ab, wie viele und wie starke Zigaretten er geraucht hat.

Wer profitiert von der Nikotinersatztherapie?

Forscher empfehlen meist allen Ex-Rauchern, die mit der »Do-it-yourself-Methode« aufhören, eine unterstützende Ersatztherapie, da sie die Erfolgschancen verdoppelt. Meistens greifen diejenigen Raucher zu den Ersatzmitteln, die schon mehrere gescheiterte Versuche »ohne alles« hinter sich haben. Eine systematische Raucherberatung mit Tipps zum Aussteigen gibt es leider von Seiten der niedergelassenen Ärzte noch nicht. Der erfolgssteigernde Effekt der Nikotinersatzpräparate hat sich noch nicht in der breiten Öffentlichkeit herumgesprochen.

Sind mehrere Versuche, mit Nikotinersatzpräparaten aufzuhören, gescheitert, hilft eventuell ein weiterer Versuch mit ärztlicher Unterstützung. Schon drei Minuten Beratung und Zuwendung durch den Arzt steigern die Erfolgschancen, wenn auch nur um wenige Prozentpunkte.

Schwer süchtige Raucher allerdings, die nach dem Absetzen der Zigaretten in der Vergangenheit starke Entzugserscheinungen verspürt haben, brauchen mit großer Sicherheit eine intensivere Beratung durch einen Arzt, beispielsweise im Rahmen einer Verhaltenstherapie oder eines Anti-Raucher-Seminars.

> … Bitte schnallen Sie sich an und stellen Sie das Rauchen ein.

Manchmal kommen Raucher in die Situation, einfach nicht rauchen zu können, wie zum Beispiel in Flugzeugen. Immer mehr Fluggesellschaften wie die Lufthansa oder die spanische Linie Iberia bieten auf bestimmten Strecken nur noch Flüge ohne einen einzigen Raucherplatz an. Spezielle Broschüren geben Rauchern Tipps, wie sie auf den Flügen mit ihren Entzugserscheinungen fertig werden können. Doch immer wieder kommt es zu Zwischenfällen, und aufgeregte Stewardessen streiten sich mit Rauchern, die sich heimlich eine Zigarette anstecken, weil sie sich nicht zu helfen wissen. Anekdotenhafte Berichte von Schlägereien an Bord zwischen einem Steward und einem starken Raucher kursieren in jedem einschlägigen rauchenden Vielflieger-Freundeskreis.

Als Überbrückungsmaßnahme helfen starken Rauchern die Nikotinersatzpräparate an Bord, die Entzugserscheinungen zu mildern oder zu unterdrücken. Manche Luftlinien stellen auf Anfrage bei Nichtraucher-Langstreckenflügen ihren Passagieren beispielsweise Pflaster für den Flug kostenlos zur Verfügung.

Wem schadet die Nikotinersatztherapie

Neueste Studien belegen, dass Nikotin als krebserregend einzustufen ist – der Stoff fördert bei langfristigem Gebrauch das Tumorwachstum. So ist auch die Nikotin-Ersatz-Therapie in die Kritik geraten. Doch bei normaler Anwendung über einige Wochen dürfte der Nutzen den Schaden weit übersteigen.

Einige Experten raten auch Schwangeren dazu, Ersatzpräparate zu nehmen, um die Erfolgschancen bei der Tabak-Entwöhnung zu erhöhen. Streng genommen sind Nikotin-Präparate nicht für Schwangere zugelassen, doch gerade sie haben einen enormen Zeitdruck aufzuhören. Einerseits erhöhen die Präparate die Erfolgschancen des Ausstiegs (und verhindern, dass schlimmstenfalls der Embryo vom ständigen Zigarettenkonsum geschädigt wird). Andererseits sträuben sich einige Mediziner dagegen, einer werdenden Mutter Nikotin zu verabreichen.

Kosten

Nikotinpflaster kosten etwa 2,50 Euro pro Stück. Sie müssen jeden Tag ausgewechselt und für die Dauer von sechs bis zwölf Wochen verwendet werden. Kaugummis kosten etwa 30 Cent das Stück, die höher dosierten 40 Cent. Der Nichtraucher entscheidet selbst, wie viele er täglich verbraucht. Auch sie sollten über mehrere Wochen verwendet werden. Keines der Mittel wird von der Krankenkasse bezahlt.

Doppelt so hohe Erfolgsraten mit Nikotinersatz

Bei der Nikotinersatztherapie sind sich die Experten einig. Alle empfehlen sie zur Unterstützung der Raucherentwöhnung. Als Erfahrungswert gilt: Nikotinersatz-Präparate können die Wahrscheinlichkeit (zumindest statistisch) verdoppeln, dass ein Entwöhnungsprogramm, wie etwa die im Buch beschriebene Do-it-yourself-Methode, zum Nichtraucher-Dasein führt.

Die Angaben über die Erfolgschancen schwanken sehr stark; im Durchschnitt liegen sie mit Nikotin-Präparaten bei 10 bis 15 Prozent. Sie können durch Verhaltens- und Gruppentherapien aber auch deutlich gesteigert werden.

Fallbeispiel: Jetzt oder nie

Monika Werder, 37 Jahre alt, raucht, seit sie denken kann. Nicht besonders viel, aber dafür regelmäßig mindestens zehn Zigaretten pro Tag. Bei Partys in Verbindung mit Wein steigerte sich ihr Konsum auch mal auf 20 Zigaretten. »Rauchen entspannt mich und verschafft mir genüssliche Zigarettenpausen mit meinen Kollegen«, berichtet die junge Werbeleiterin. Allein dieses Zugehörigkeitsgefühl in der Früh, wenn alle um die Bar herumstehen und erzählen, was sie am Abend unternommen haben, verführte Monika Werner.

Irgendwann ging sie spontan in die Apotheke und kaufte ein Nikotinpflaster. »Ich las den Beipackzettel und dachte erst, ich könnte mal das Pflaster nehmen und gleichzeitig weniger rauchen.« Dass sie die Klebefolien nur verwenden konnte, wenn sie den Zigarettenkonsum völlig einstellte, wusste sie nicht. »Doch das war meine Chance, dachte ich, jetzt oder nie.« Am nächsten Morgen klebte sie sich ein Pflaster auf den Oberarm und zog ihren Lieblingspulli darüber. »Erst war es komisch, nicht mehr zu rauchen, aber ich habe nicht wirklich diese Entzugserscheinungen gespürt.«

Fallbeispiel: Meiner Frau zuliebe

Heinrich Jäger, 60-jähriger Straßenbauarbeiter, litt seit einigen Monaten an Herzbeschwerden. »Meine Frau wollte, dass ich das Rauchen sein lasse. Jetzt willst du mir auch noch diesen Spaß nehmen, dachte ich. Wieso soll ich denn dieses kleine Vergnügen nicht mehr haben? Aber sie hat mich rumgekriegt. Sie meinte, mit den Nikotinpflastern ginge es leichter, und dann habe ich die genommen. Bei mir hat es aber nichts geholfen, denn ich wollte einfach nur rauchen. Das hat mich ganz kribbelig gemacht, dass ich das nun nicht mehr durfte. Nach einer Woche habe ich das Pflaster, das ich mir morgens draufgeklebt habe, abgerissen und mir eine angesteckt. Jetzt will ich eigentlich wieder aufhören, schließlich bin ich doch wohl richtig herzkrank. Aber ich weiß nicht, wie. In meinem Job habe ich so viel Stress, da kann ich nicht auch noch mit dem Rauchen aufhören.«

6. Allen Carrs Erfolgsmethode

Allen Carr ist mein Freund geworden, schreibt Adrian Zielcke in der Stuttgarter Zeitung vom 31. Oktober 1997. Und weiter schwärmt der ehemalige Raucher: ein guter, enger Freund. Auch wenn ich nicht alle Ratschläge befolgt habe. Allen ist ein Kämpfer. Früher war er Wirtschaftsberater. Jetzt kämpft er gegen Verdrängung, gegen Lügen, gegen Verdummung. Allens Vater ist gestorben, da war er noch nicht einmal 55 Jahre alt. Er starb an Lungenkrebs. Er hat geraucht.

Allen hat miterlebt, wie der Vater morgens hustete, schwer atmete. Er wollte eigentlich nie rauchen, fiel aber trotzdem der Sucht anheim. Als er sich entschloss, den Kampf gegen das Rauchen aufzunehmen, war er selbst schwer süchtig. Eher hätte er seine Frau aufgegeben als die Zigaretten. Zuzeiten rauchte er an guten Tagen 60, an schlechten 80 Stück täglich. Jetzt ist er seit vielen Jahren clean.

Allen macht keine großen Worte, er jammert nicht über sein Schicksal, eher beiläufig erzählt er vom Tod seines Vaters. Er schildert Situationen, die jeder Raucher kennt: etwa wenn man in der Kirche einen Gottesdienst überstehen muss, weil eine Konfirmation in der Familie ansteht, wenn man bei einem guten Essen anfängt, zwischen den Gängen zu rauchen, wenn man sich fragt, ob man wirklich ins Kino, ins Theater gehen soll. Schließlich dauert die Vorstellung mindestens zwei Stunden, das sind zwei Stunden ohne Zigaretten …

In diese Gedanken kann sich kein Mensch einfinden, der nie geraucht hat. Der Nichtraucher denkt womöglich an verräucherte Räume, an den schlechten Atem des Partners, an die gelben Zähne. Auch der Raucher weiß, dass seine Haut faltig wird, dass die Zähne nicht gerade schöner werden, dass er ein klägliches Bild abgibt, wenn er – zunehmend ungeduldig werdend – auf das Ende der Konferenzen, Hochzeitsfeiern, Kinos, Gottesdienste, Veranstaltungen wartet, um vor die Tür zu stürzen und dort erst einmal ein paar tiefe Züge zu nehmen.

Der Raucher weiß natürlich auch, dass Rauchen Lungenkrebs auslöst, dass es beim Raucherbein im schlimmsten Fall zu einer Amputation kommen kann. Schließlich sind aus Vermutungen längst Gewissheiten geworden. Inzwischen warnen die EU-Gesundheitsminister auf jeder Packung. Aber er liest sie nicht. Gegen Ratschläge ist er resistent. Appelle an die eigene Intelligenz fruchten nicht, moralische Belehrungen wirken eher kontraproduktiv …

Adrian Zielcke spricht vielen Rauchern aus dem Herzen. Genau auf diesem Prinzip beruht die Methode von Allen Carr.

Das Erfolgsrezept des Bestsellerautors (Allen Carr: Endlich Nichtraucher, Goldmann Verlag) ist schlicht und eingängig: Die Sprache der Raucher sprechen, ohne den moralischen Zeigefinger zu heben. Das kommt an. Seine Bücher verkauften sich millionenfach und wurden in 20 Sprachen übersetzt. Allen-Carr-Büros sind inzwischen auf dem ganzen Globus verteilt. In Ecuador, Israel, Hongkong oder Island hören Raucher in ihrer Landessprache: Aufhören ist total »easy«.

Während des Kurses soll der Raucher schrittweise die Einsicht gewinnen, dass er auf Zigaretten verzichten kann, ohne etwas zu vermissen. Die Seminarleiter bauen die Mythen rund um die Zigaretten ab, ohne jedoch die Risiken des Rauchens zu erwähnen. Die Theorie: Wenn der Ex-Raucher die Zigaretten nicht mehr für wertvoll hält, braucht er sie auch nicht mehr und verspürt keine Entzugserscheinungen. Horrorstorys sind tabu. Aufhören ist für den konvertierten Nichtraucher einfach.

Therapie mit Bestsellern

Inzwischen erschienen mehrere Bücher des Autors, zuletzt »Endlich Nichtraucher für Frauen« (Goldmann Verlag). Die Bücher dienen der so genannten Bibliotherapie oder gelten als Begleiter für die Nicht-Raucher-Seminare. Insbesondere der Sprachstil von Allen Carr ist bei Rauchern beliebt und seine Argumentation, die das Rauchen ad absurdum führt, ohne den Raucher als Trottel dastehen zu lassen.

Die wichtigsten Thesen von Allen Carr

1. Raucher rauchen nicht gerne. Starke Raucher hassen das Rauchen und haben die Illusion des Genusses längst aufgegeben, nur wollen sie das anderen und auch sich selbst gegenüber nicht eingestehen.
2. Rauchen ist das Ergebnis einer jahrelangen Gehirnwäsche. Raucher werden durch Filme, Fernsehen und Werbung manipuliert. Ihnen wird vermittelt, Zigaretten wirkten entspannend, förderten die Konzentration und würden gegen Langeweile oder Stress helfen.

3. Raucher unterliegen dem Irrglauben, ohne Zigaretten überständen sie den Alltagsstress nicht. In Wirklichkeit kommen Nichtraucher mit Extremsituationen viel besser klar.
4. Jedem Raucher kann das Aufhören leicht fallen. Allerdings ist es nicht immer leicht, jedem Raucher bewusst zu machen, dass das Aufhören einfach sei.
5. Es nutzt nichts, einem Raucher die gesundheitlichen Folgen des Rauchens vorzuhalten. Das bringt ihn nicht dazu aufzuhören. Die Schockbehandlung funktioniert nicht.

Allen-Carr-Seminare: Qualmfrei in sechs Stunden

Die Nichtraucher-Seminare von Allen Carr haben bei einigen erfolgreichen Ex-Rauchern inzwischen Kultstatus erreicht. Kritiker apostrophieren sie als mittlere Form der Gehirnwäsche, Carr selbst bezeichnete sie einmal als »Gehirnwäsche rückwärts«, denn die Eichung auf Zigaretten, so der Nichtraucherexperte, sei der eigentliche Vorgang des »brain washing«. »Das Schlimmste am Rauchen ist die Verkrüppelung der Psyche«, ist der Entwöhnungsexperte überzeugt. »Man sucht nach plausiblen Erklärungen, nur um weiter rauchen zu können.«

Ziel seiner Methode ist es, im Laufe des Kurses dem Teilnehmer diese »Verkrüppelung« zu erklären: Er erkennt, wie der Selbstbetrug funktioniert, den alle Raucher begehen – und wie der Hauptfeind fürs Aufhören, die Angst, wirkungsvoll bekämpft wird. Im Laufe des Kurses analysieren die Teilnehmer typische Rauchsituationen und finden heraus, warum sie rauchen. »Da sitzen alle fröhlich qualmend und hören sich das erst mal an«, erzählt Paul G., Herausgeber eines Wirtschaftsmagazins. »Dann stellst du irgendwann fest: Du brauchst die Zigarette gar nicht. Sie bringt dir überhaupt nichts. Zack, zack, zack fällt das Kartenhaus der Nikotinfalle zusammen.«

Außerdem setzen sich die Kursleiter zum Ziel, den neuen Nichtraucher ohne Verachtung und Neid auf die Raucher in ihr neues, rauchfreies Leben zu entlassen.

Der Kurs dauert insgesamt sechs Stunden und wird in fast allen deutschen Städten angeboten und dauert einen Nachmittag. Die Teilnehmerzahl ist auf zwölf Raucher pro Gruppe begrenzt. Alle dürfen gemütlich rauchen, bis sie zum Schluss die Entscheidung treffen, die »Letzte« anzuzünden.

»Ich vermisse nichts.«

Bis zu diesem Zeitpunkt sollte sich die Einstellung des Rauchers zum Glimmstängel allerdings so grundlegend geändert haben, dass die Entscheidung leicht fällt. Wer einmal die Illusion des Rauchens und die geringe Menge der eigentlichen körperlichen Nikotinabhängigkeit begriffen habe, heißt es in der Beschreibung, könne sich kaum noch mit vollem Ernst und Wohlbehagen eine anzünden.

Paul G.: »Einige haben dann am Ende ihre Zigaretten in die Ecke geworfen, andere sogar ihre Feuerzeuge und so weiter. Selbst Pfeifen lagen da herum. Das brauche ich persönlich nicht – aber wem's hilft...«

Überzeugte Kursteilnehmer sprechen sehr häufig von dem geringen körperlichen Suchtpotential des Nikotins, das schon nach wenigen Tagen den Körper verlasse. Dadurch unterscheidet sich der Kurs deutlich von anderen Aufhörstrategien.

Petra Wackerle, Büro München, gelernte Übersetzerin und Dolmetscherin, Allen Carr's Easyway-Trainerin seit 1993:
Ich hatte so früh mit dem Rauchen angefangen, dass ich mich gar nicht mehr daran erinnerte, wie es »ohne« war und es mir auch gar nicht mehr vorstellen konnte. Was ich aber wusste, war, dass das Rauchen mein ganzes Berufsleben prägte – mit der ständigen Ungeduld nach der nächsten Zigarettenpause. Nachdem ich vor acht Jahren mit der Methode von Allen Carr eine glückliche Nichtraucherin wurde, war plötzlich der ganze »Raucherstress« vorbei. In den letzten Jahren haben mehr als 2000 Teilnehmer meine Kurse besucht.

Wolfgang Rinke, Büro Bielefeld, gelernter Jurist, verheiratet, ein Sohn, Allen Carr's Easyway-Trainer seit 1996:
Ich war 14 Jahre alt und »musste« einfach in die verruchte Raucherecke in der Schule: Es war verboten, es war spannend – und notwendig, um anerkannt zu werden.

Hätte ich damals schon gewusst, was auf mich zukommen würde, ich hätte die erste Zigarette dankend abgelehnt. Um die letzten zehn Jahre meines Raucherlebens von den 50 täglichen Zigaretten wegzukommen, habe ich nichts ausgelassen. Dann hörte ich von der seltsamsten Methode von allen: von Allen Carrs Erfolgsmethode. Nach der Sitzung fühlte ich mich, als hätte ich nach 20 Jahren ein Gefängnis verlassen.

Für wen sind die Seminare geeignet?

Langjährige Raucher, die eventuell schon andere Methoden wie die Do-it-yourself-Methode versucht haben, jedoch gescheitert sind, könnten es einmal mit Allen Carrs Erfolgsmethode versuchen. Viele Teilnehmer der Kurse sehen eines von

Carrs Büchern bei Freunden, blättern darin herum und entscheiden, ob sie das Konzept der Raucherentwöhnung anspricht.

Nach Aussagen von Teilnehmern herrscht in den Kursen keine »Guru-Atmosphäre«, sondern der Raucher wird vor allem ernst genommen. Im Gegensatz zur Akupunktur, die fünf oder mehr Sitzungen beanspruchen kann, hat es der Raucher im Prinzip nach einem einzigen Nachmittag »hinter sich« (es sei denn, er geht noch zu einer oder zwei der angebotenen Nachschulungen).

Die Trainer weisen nicht auf den Gebrauch von Nikotinersatzpräparaten hin, da die Nikotinabhängigkeit nicht in den Vordergrund gestellt wird. Wer stark suchtabhängig von Nikotin ist, sollte sich im Zweifelsfall vom Arzt beraten lassen, ob so eine Therapie für ihn in Frage kommt.

Kosten

Der Kurs kostet 347 Euro, für Versicherte der Betriebskrankenkassen (BKK) 299 Euro. Eine Geld-zurück-Garantie ermöglicht es dem Raucher, zwei Aufbaukurse zu machen. Kann er danach die Hände immer noch nicht von den Zigaretten lassen, darf er sein Geld zurückverlangen. Über 90 Prozent der Teilnehmer machen von der Geld-zurück-Garantie jedoch keinen Gebrauch.

Sonderkonditionen für firmeninterne Kurse sind möglich.

Erfolgsaussichten und Bewertung nach internationalen Standards

Eine wissenschaftliche Bewertung der Seminare liegt nicht vor. Laut einer internen Erhebung von IBM, die ihren Angestellten die Methode regelmäßig anbieten, betrug die Erfolgsbilanz nach einem Jahr noch mehr als 50 Prozent.

Das Autorenteam Anja Schumann, Ulfert Hapke und Ulrich John hat sich 1999 die Mühe gemacht, 24 Selbsthilfemanuale zur Raucherentwöhnung, unter anderem auch Carrs Bücher, wissenschaftlich zu beschreiben (Selbsthilfemanuale zur Raucherentwöhnung: Bewertung anhand inhaltlicher und formaler Kriterien, Beiträge aus der Wissenschaft, »Sucht«). Dabei haben die Forscher hauptsächlich die inhaltlichen und formalen Elemente verglichen und untersucht, ob die Ratgeber ein Therapiemodell enthalten, das den Verlauf vom Rauchen zum Nichtrauchen durch unterschiedliche Stadien der Änderungsbereitschaft führt.

Sie schreiben über Allen Carrs Bücher: »In dem Manual wird beim Raucher mithilfe edukativer (also erzieherischer) und suggestiver Methoden die Einsicht gefördert, dass das Rauchen aufgegeben werden sollte. Gründe für das Rauchen werden analysiert, und der Raucher soll ohne besondere Maßnahmen das Rauchen von einem Tag auf den anderen (Schlusspunktmethode) beenden. Bausteine wie Selbstbeobachtung, Situations-Reiz-Kontrolle oder Vertragsmanagement werden explizit abgelehnt.

Allen Carr »live«
aus: Endlich Nichtraucher – Der Ratgeber für Eltern, Goldmann Verlag

Ich schlafe schon immer im Adamskostüm. Früher steckte ich mir nach dem Aufwachen als Erstes eine Zigarette an. Da stand ich also nackt, nach dem Vorbild Humphrey Bogarts eine Zigarette lässig im Mundwinkel, mit zwölf Kilo Übergewicht, fahler Haut, dickem Bauch, hustend, spuckend und nach Luft ringend im Schlafzimmer. Kein erbaulicher Anblick, und so verwundert es mich nicht, dass ich vermied, in den Spiegel zu schauen.
Einer dieser missionarischen Ex-Raucher hatte eine einfache Lösung für mich parat:
Warum versuchst du nicht das Gleiche wie ich? Egal, ob Sommer oder Winter, springe ich morgens aus dem Bett, und anstatt mir eine Zigarette anzuzünden, reiße ich das Fenster auf und atme zehnmal tief durch. Versuch das mal, dabei vergeht dir ganz bestimmt die Lust auf eine Zigarette.
Ich bedankte mich für den guten Rat und legte halbherzig das Versprechen ab, dass ich es zumindest mal versuchen würde. Es hatte überhaupt keinen Sinn, dem Schwachkopf zu erklären, dass schon der erste tiefe Luftzug bei mir einen Hustenanfall auslösen würde.

Fallbeispiel: Rauchen ist gar kein Genuss
Johannes, 41-jähriger Lebemann aus München, qualmte konsequent 24 Jahre eine Schachtel täglich. Der Genussraucher brauchte seine »Quadriga« aus Espresso, Brandy in beängstigenden Mengen, einem süßem Nachtisch und – einer Zigarette.

Wahlweise konnte das Dessert auch durch ein austauschbares viertes Element ohne Genussverlust ersetzt werden, also zum Beispiel durch ein Live-Fußballspiel im Fernsehen (aber nur, wenn Stuttgart gerade haushoch gewann), im Urlaub durch den ungehinderten Ausblick aufs Meer, in sentimentaleren Momenten durch seine Gitarre, auf der er ungehemmt (und ziemlich professionell) alte Songs aus den 70ern klimperte. Nachdem eine Freundin des Hauses ihm ein Allen-Carr-Buch schenkte (siehe Erfahrungen mit der Bibliotherapie), machte ihn das neugierig auf das Nichtraucher-Seminar. Gesagt, getan. An einem Donnerstagmorgen verließ er das Haus mit den Worten: »Ich gehe als Johannes, mal sehen, als was ich wiederkomme« und ward an dem Tag nicht mehr gesehen. Den Abend verbrachte er wie jeden Donnerstag in einer Kneipe in Schwabing, wo alle seine Freunde munter auf ihn einqualmten.

Danach berichtet er Erstaunliches: »Zigaretten schmecken besch…euert«, verkündet er. »Ich habe eigentlich nur geraucht, damit ich einen Moment einen Kick kriege und mich so fühle, wie Nichtraucher sich die ganze Zeit fühlen. Aber insgesamt nimmt es mir total die Lebensqualität. Irgendwann fühlt man sich tatsächlich wie der Marlboro-Mann, bildet sich ein, dass einem die Zigarette etwas bringt.« Am meisten habe ihm gefallen, dass diese Erleuchtung ein »intelligenter Ansatz« sei. »Ich glaube, das ist nicht für jeden was, aber ich bin genau die Zielgruppe.«

»Ich habe ihm mal eine angeboten«, berichtet sein Freund Olaf, »aber er sagte, ich rauche nicht – aber wenn es dir schmeckt…«

Fallbeispiel: Am schlimmsten sind die militanten Nichtraucher

Paul G., Herausgeber eines Wirtschaftsmagazins, kombinierter Stress- und Genussraucher, verqualmte täglich eine Schachtel, insbesondere, wenn sich der Redaktionsschluss gefährlich auf ein Uhr nachts zubewegte, und immer noch die Texte fehlten. Ende 1999 entschloss er sich, mit seiner Frau das Allen-Carr-Seminar zu besuchen, zunächst recht skeptisch, ob das wohl etwas für ihn sei.

Er berichtet: »Da saß ich gemütlich qualmend und habe mir das erst einmal angehört. Heute ist mir klar, ich brauche gar keine Zigaretten, um mich gut zu fühlen. Ich vermisse sie auch gar nicht. Pillen gegen Rauchen oder Pflaster sind doch Quatsch, denn die Sucht spielt sich hauptsächlich psychologisch ab: Man denkt, man braucht den Nikotinkick, aber in Wirklichkeit stimmt das überhaupt nicht. Jetzt, wo ich Nichtraucher bin, brauche ich die Zigarette nicht mehr, das wurde den Rauchern bloß eingeredet.

Aber wer in meinem Büro sich eine anstecken möchte, kann das gerne tun. Ich habe sogar Zigaretten für Gäste da liegen, denn das Schlimmste sind ja die militanten Nichtraucher.«

7. Hypnose

Zunächst einmal die Nachricht, die viele Raucher überrascht: Entwöhnung durch Hypnose funktioniert, sagen zumindest die Forscher. Laut kontrollierten Studien liegt die Erfolgsquote bei 30 Prozent. Nach Angaben der Therapeuten selbst bei 80 Prozent.

In kleinen Gruppen sitzen die Teilnehmer im Kreis oder genießen in einer Einzelstunde die volle Aufmerksamkeit des Hypnotiseurs. Die Hypnose kann in mehreren Sitzungen oder einer längeren, manchmal mehrstündigen Therapie erfolgen. Der Hypnose-Experte beginnt, beruhigend auf seine entwöhnungswilligen Kandidaten einzureden. Durch seine Worte versetzt er die Teilnehmer in Trance: Nun besitzt er freien Zugang zu deren Unterbewusstsein, in dem er Botschaften hinterlässt.

Das hört sich in etwa so an: »Stellen Sie sich vor, Sie stehen auf der Straße und warten auf zwei Kollegen, mit denen Sie ins Kino wollen. Sie schauen auf die Uhr. Wo bleiben die bloß? Sie treten von einem Bein auf das andere. Wenn es noch später wird, bekommen Sie keine Kinokarten mehr. Die Schlange vor der Kasse wird immer länger. Sie wollen sich unbedingt eine anstecken, um Ihre leichte Verärgerung zu überspielen.«

Situationen analysieren – Alternativen entwickeln

Eine Etappe der Hypnose ist erreicht, wenn nach und nach jeder Raucher erkennt, warum er geraucht hat. Anhand von Situationen versetzt ihn der Therapeut in die Lage, die eigenen Auslöser zu erkennen. Ein weiterer Schritt besteht darin, gedankliche Alternativen im Kopf zu verankern, die jeder selbst suchen soll, damit sie zur eigenen Persönlichkeit passen.

So könnte der ungeduldige, vor dem Kino auf seine Kollegen wartende Mann sich eine Cola am Kinokiosk kaufen, anstatt sich eine anzuzünden. Ein anderer würde in dieser Situation lieber einen Blick in die kostenlose Kinozeitschrift werfen, um nachzulesen, wer dieses Jahr für den Oskar nominiert ist, welche Stars sich gerade von ihren Ehefrauen beziehungsweise Ehemännern haben scheiden lassen und welche Millionenabfindungen die frisch Geschiedenen jetzt verpulvern können. Schon ist die schlechte Stimmung wie ausgetauscht. Amüsiert sieht der Wartende seine Kollegen um die Ecke hetzen, er hingegen hat die Zeit kurzweilig überbrückt.

Rauchen, so die Theorie der Hypnosetherapeuten, ist angelerntes Verhalten, das jedoch tief ins Unterbewusstsein eingedrungen ist. Wie vom Autopiloten gesteuert kann sich ein Raucher fast im Schlaf eine Zigarette anzünden. Alle Gesten sind eingeübt, haben sich mit den Jahren verselbstständigt. In bestimmten Situationen greift er immer zu einer Zigarette, fühlt sich dadurch sicher und bestärkt. Anstatt wie in der Verhaltenstherapie nach und nach Alternativen einzuüben, soll die Hypnose Ersatzbotschaften direkt ins Unterbewusstsein abladen.

Asche im Mund

Außerdem arbeiten einige Therapeuten mit Aversion, machen den Rauchern die Zigarette sozusagen madig. Das »Rauchhalten« von Hypnosetherapeut Dieter Kraft aus Frankfurt/Main (www.mentalkraft.de) beispielsweise suggeriert dem Raucher, der den Rauch einer Zigarette länger als sonst im Mund halten soll, er habe Asche im Mund. »Einigen wird von dieser Vorstellung regelrecht schlecht«, erinnert sich der Therapeut, »an dieser Stelle des Kurses muss ich aufpassen, damit mir nicht einer vom Stuhl kippt.«

Hypnose unterbricht den Kreislauf der positiven Assoziation der Zigarette mit angenehmen Gefühlen, die durch Werbung aufgebaut werden. Die Zigarette steht für Wohlgefühl, Anerkennung, Starksein, grenzenlose Freiheit, Sexappeal und Coolness. Sie kann im Kopf des Rauchers in einem Moment seinen Stress abbauen, eine Stunde später die öde Langeweile vertreiben, in der nächsten seine Nervosität überspielen. Aber: All das passiert im Kopf des Rauchers. Wenn diese Gedankenkette erfolgreich gesprengt wird und sich langsam andere Vorstellungen ins Unterbewusstsein festsetzen, zum Beispiel, dass eine Zigarette eklig schmeckt (Ruß im Mund), greift die suggestive Wirkung der Hypnose.

Der Unterschied zwischen Hypnose und der Allen-Carr-Methode

»Allen Carr hat quasi hypnotische Wirkung, jedoch einen Webfehler«, urteilt ein langjähriger Hypnosetherapeut aus der Nähe von Frankfurt, »die positiven subjektiven Vorteile des Rauchens werden nicht bearbeitet.« Mit anderen Worten: Allen-Carr-Trainer versuchen ihre Kandidaten nicht dazu zu bringen, sich selbst zu beobachten. Nach der Allen-Carr-Methode hören Raucher auf, weil die Zigaretten nicht mehr wertvoll sind, sie vermissen nichts.

Nach Meinung der Hypnosetherapeuten benötigen Raucher aber alternative Handlungsmöglichkeiten. Sitzt eine Frau allein im Restaurant, steckt sie sich eine Zigarette an, um Abstand zu schaffen. Greift eine Mutter zur Schachtel, kann dies ein Zeichen für ihre Kinder sein, sie ein paar Minuten in Ruhe zu lassen. Andere rauchen, um ihre Verdauung in Gang zu bringen. »Die Raucher brauchen für diese Situationen etwas anderes«, ist der Hypnoseanhänger überzeugt.

Für wen ist Hypnose geeignet?

Raucher, die sich darauf einlassen können, in Trance versetzt zu werden, steht der Weg zum Hypnotiseur frei. Nicht jedem gefällt die Vorstellung, zumindest zeitweise einem Therapeuten völlig ausgeliefert zu sein. Wer mit dieser Situation gedanklich Schwierigkeiten hat, sollte zunächst andere Strategien ausprobieren.

Vielen Rauchern gefällt hingegen der Gedanke, quasi passiv innerlich davon überzeugt zu werden, dass es viele Alternativen zur Zigarette gibt. Ihnen wird die Hypnose zusagen.

Kosten

Nach Angaben der Milton Erickson Gesellschaft, der offiziellen Hypnose-Vereinigung, kostet eine Einzelstunde Hypnose 50 bis 150 Euro, eine Gruppenstunde 30 bis 75 Euro. Bis Ende 1996 haben die Krankenkassen Hypnose, wie andere Raucherentwöhungs-Maßnahmen, bezahlt. Seit dem 1. 1. 1997 erstatten sie die Kosten nicht mehr. Einige Privatkrankenkassen übernehmen in besonderen Fällen die Kosten der Therapie. Der Gesundheitszustand des Rauchers kann bei der Kostenübernahme eine Rolle spielen. Laut Angabe von Therapeuten zahlen einige Kassen allerdings erst, »wenn der Beteiligte an Lungenkrebs erkrankt ist«.

Erfolgsaussichten und Bewertung nach internationalen Standards

Kontrollierte Studien haben gezeigt, dass Hypnose bei jedem dritten Raucher wirkt. Es lässt sich jedoch nicht vorhersagen, welche Raucher auf die Therapie ansprechen und welche nicht.

Es ist bei weitem nicht alles Hypnose, was als solche auf dem Markt angeboten wird. Gegebenenfalls hilft eine Auskunft bei den offiziellen Fachgesellschaften, welche Therapeuten für diese Therapie zugelassen sind.

8. Bibliotherapie

80 bis 90 Prozent aller Raucher verstecken einen Ratgeber zur Raucherentwöhnung sorgsam bei sich im Regal. Bei Partys, wenn Freunde neugierig die Auswahl der gehorteten Wälzer begutachten, tauchen sie gleich hinter der verstaubten mehrbändigen Edgar-Allen-Poe-Gesamtausgabe auf: Die Bücher und Broschüren, die sie zum Aufhören motivieren sollen, gut gemeinte Geschenke von neuen (nicht rauchenden) Freundinnen und Freunden, von missionarischen Familienmitgliedern – oder gar selbst erstanden in einem (längst vergangenen) Moment höherer Einsicht.

Doch manchmal fruchtet die Bemühung. Als die 37-jährige Altenpflegerin Marlies K. immer wieder einmal nach München in die Wohngemeinschaft von Johannes kam, um dort einige Tage oder Wochen Heimatluft zu schnuppern und Weißbier zu trinken, schenkte sie Johannes irgendwann einmal ein Nichtraucher-Buch (»Kannste ja mal lesen«). Da lag es nun, zunächst tagelang unberührt, dann verschwand es.

Wochen später tauchte es auf dem Küchentisch wieder auf, und Johannes verkündete eines Morgens seiner verdutzten Mitbewohnerin Katharina bei einer Tasse Instant-Cappuccino: »Ab heute fasse ich tagsüber keine Zigarette mehr an.« So weit so gut. Johannes' eingeschworener Freundeskreis, bestehend aus einer ganzen Schar sympathischer Lebemenschen – allesamt starke Raucher, vorzugsweise aus der Münchener Filmszene, einem Kettenraucher aus der Computerbranche sowie einer Hand voll gutgelaunter (rauchender) Power-Frauen –, war skeptisch. Immerhin hatte Johannes eine über 24-jährige Raucherkarriere hinter sich und sträubte sich auch sonst erfolgreich gegen Veränderungen in seinem Leben.

Doch er hielt durch und reduzierte so die Anzahl der gerauchten Zigaretten drastisch um 50 Prozent auf 15 bis 20 Zigaretten pro Tag. An manchen Tagen kam er sogar auf unter zehn. Bei Partys jedoch auf 30 bis 40 – stets in Verbindung mit beängstigenden Mengen Cai Pirosca, einem Cocktail aus Wodka, zermalmten Limonen und Eis.

In Abständen von mehreren Wochen blätterte Johannes abends kurz nach der Harald Schmidt Show (während der er gemütlich vor sich hinqualmte) in seinem Ratgeber. Irgendwann war es dann so weit: Der Entschluss, ein Allen-Carr-Nichtraucher-Seminar zu besuchen, war geboren und wurde binnen zweier Wochen ausgeführt.

Kurz: Die Bibliotherapie brachte über den atemberaubenden Zeitraum von eineinhalb Jahren einen Denkprozess bei Johannes in Gang – über den ersten Wunsch aufzuhören, die Suche nach Motivationsgründen, die in dem Werk beschrieben wurden, bis hin zum Entschluss aufzuhören.

Bei einigen reicht das aus, bei anderen wirkt es zumindest für den Entscheidungsprozess unterstützend.

Erfolgsraten und Bewertung nach internationalen Standards

»Die meisten Bücher verfehlen völlig ihr Ziel«, weiß Gesundheitsexpertin Martina Pötschke-Langer, Initiatorin des Rauchertelefons am Deutschen Krebsforschungszentrum in Heidelberg. »Mit dem erhobenen Zeigefinger geht gar nichts.« Wissenschaftliche Untersuchungen zur Therapie mit Ratgebern gibt es kaum. Anja Schumann und ein Autorenteam haben eine Studie über »Selbsthilfemanuale zur Raucherentwöhnung« verfasst, die jedoch nur die Werke formal und inhaltlich beschreibt.

Trotz fehlender einschlägiger Erfolgszahlen sind Ärzte davon überzeugt, dass gut gemachte Bücher unterstützend wirken. Sie verschaffen dem Raucher die Informationen, die ihn zum Aufhören motivieren. Je nach Konzept des Buches helfen sie ihm über Verführungssituationen hinweg, bieten Hilfe bei Rückfällen oder geben ihm Tipps, wie er sich auf seinen Ausstiegstag vorbereiten soll.

Verhaltenstherapeutische Ansätze wie der von Hans-Ulrich Wittchen und Holger Sonntag vom Max-Planck-Institut für Psychiatrie in München und der Universität Dresden verweisen Raucher auf Ratgeber mit allgemeinen motivierenden Inhalten (also nicht einer bestimmten Methode), um den Entschluss, aufhören zu wollen, zu festigen. Insbesondere in der Anfangsphase hilft das dem Raucher, sich selbst zu motivieren.

Der Forscher Michael Fiore beschrieb 1996 in einer Meta-Analyse, dass Selbsthilferatgeber signifikant die Erfolgsrate beim Aussteigen steigern.

Einige Entwöhnungsexperten bieten Therapien gleich mit einem Buch oder einer Broschüre an:

- Allen Carrs Bücher, auf denen seine Seminare beruhen, erreichen Verkaufszahlen von über einer Million. Auf Elemente wie Selbstbeobachtung, der Kontrolle von Verführungs-Situationen verzichtet er bewusst, da »seine« Nichtraucher – seiner Theorie nach – nichts vermissen, wenn sie Zigaretten nicht mehr für wertvoll erachten.
- Die Bundeszentrale für Gesundheitliche Aufklärung entwickelte mehrere Broschüren, von denen besonders die für Schwangere beliebt ist (Rauchfrei für mein Baby).
- Eine ausgewählte Liste mit Buchempfehlungen und Adressen findet sich im Anhang.

9. Alternative Methoden

Tees mit und ohne Zeremonie

Die Französin Nathalie M., 23-jährige Sprachstudentin aus Genf, raucht seit drei Wochen nicht mehr. Ihr Horoskop sagte ihr für Mitte Juli einen »günstigen Zeitpunkt für Veränderungen« voraus. Auch die Mondkonstellation stimmte. Jetzt hockt sie im Schneidersitz auf einem Stapel marokkanisch anmutender Sitzkissen mitten im Studentenzimmer und zelebriert eine von ihr selbst ersonnene Teezeremonie. Aus einer funkelnden silbernen Kanne dampft eine Mischung aus arabischer Pfefferminze und nicht genau definierbaren Kräutern und Gewürzen.

»Die Kräuter habe ich von meinem Astrologielehrer«, verrät sie verschwörerisch. Genüsslich rührt Nathalie in der grünlichen Blätterpampe, schwer davon überzeugt, dass sie die Nikotinentzugserscheinungen mildern und ihren zehnten Ausstiegsversuch mit Erfolg krönen wird. Selbstverständlich mit einer gehörigen Portion Honig aus dem Naturkostladen. »Bei einer Teezeremonie stellen sich ähnliche Glücksgefühle wie beim Rauchen ein«, ist Nathalie überzeugt.

Verhaltenstherapeuten geben ihr Recht. Wobei es nach Meinung der Experten relativ gleichgültig sei, welche Teemischung tatsächlich in der Kanne vor sich hin ziehe. Entscheidend ist das Ritual als gültiger Ersatz für das Rauchen. Wer sich abends beim Rauchen immer entspannt hat, kann dies mit einer Portion Erfindungsreichtum auch bei einer kompliziert zubereiteten Kanne Pfefferminztee.

Nicht alle Raucher, die mit Tees entwöhnen, schwören auch auf Zeremonien. Jeder Typ ist anders, der eine braucht mehr

Brimborium als der andere. Ähnlich individuell sind auch die Teesorten, die zur Entwöhnung verwendet werden.

Die Anzahl der selbst gemischten Tees zur Raucherentwöhnung ist unüberschaubar. Heilpraktiker empfehlen jedem Aufhörwilligen gegebenenfalls eine individuelle Mischung, je nach Typ und Vorgeschichte.

Noni-Saft

Als Geheimrezept aus den USA gilt der Noni-Saft, ein Naturkostgetränk aus der in Tahiti wild wachsenden Frucht Morinda Citrifolia. Die kartoffelartig anmutende Exotin, so die Vertreiber, werde von den Einheimischen seit 2000 Jahren als Wundermittel gegen alle möglichen Beschwerden eingesetzt. Die Homepage der Firma Morinda, www.morinda.com, enthält bei der Suche nach genaueren Angaben keinerlei Information zur Raucherentwöhnung.

Nur soviel: 1993 haben die beiden Lebensmittelforscher Stephen Stry und John Wadsworth die Wunderfrucht entdeckt. Der Marketing-Profi Kerra Asay hat sie dann zwei Jahre später munter unters Volk gebracht.

Laut einer Quelle, die jedoch anonym bleiben möchte, gilt der Saft als Lebensmittel und enthält nach Angaben der Vertreiber vielerlei essentielle Nährstoffe. Seit Jahrtausenden, so der Informant, verwenden ihn Einheimische dort als Allroundarznei für schöne Haut, gesunde Verdauung und zur Stärkung des Immunsystems. Die Raucherentwöhnung mit Noni-Saft funktioniere mit einem Glas pro Tag oder mehr, das langsam zu trinken sei.

Uschi L., Casting-Frau für Fernseh- und Kinofilme aus München: »Ich trinke den Saft jetzt schon einige Wochen regelmäßig und habe einfach keine Lust mehr auf Zigaretten. Dabei habe ich seit Jahren geraucht. Ich wollte auch wegen der Kinder aufhören zu rauchen, aber alleine habe ich es nicht geschafft. Das Zeug schmeckt brutal gesund.«

Kosten

Ein teures Vergnügen. Noni-Saft gibt es meist nur auf verschlungenen Wegen, oft auf Empfehlung eines Verwenders, zum Preis von 150 Euro pro Viererkiste. Eine Flasche enthält knapp einen Liter frisch gepressten Noni-Saft. Der Informant empfiehlt zwei bis drei Esslöffel täglich, gibt aber zu, dass er und diejenigen, die er kennt, mehr zu sich nehmen.

Nahrungsmittelkur

Einige Ernährungsspezialisten empfehlen bestimmte Gemüsesorten, die aufgrund ihres Nikotingehalts bei der Entwöhnung unterstützend wirken. So empfiehlt die Ernährungsexpertin Ingeborg Münzing-Ruef in ihrem Nachschlagewerk »Kursbuch gesunde Ernährung« (Zabert Sandmann 1999) beispielsweise Blumenkohl, der zum nikotinhaltigsten Grünzeug überhaupt zähle. Sie rät, den Kohl immer mit den grünen Blättern zu kaufen, um besser beurteilen zu können, ob er frisch sei.

Nach Berichten der Universität Berkley gelten ebenfalls alle Nachtschattengewächse, also Tomate, Aubergine, Kartoffel und Paprika als äußerst nikotinhaltig und seien zur Begleitung der Raucherentwöhnung empfehlenswert.

Überraschendes weiß Ingeborg Münzing-Ruef zum Hafer zu berichten. Forscher haben das Getreide mit dem frivolen Ruf (»mich sticht der Hafer«) in Studien sogar ausgetestet. Bei einem US-Haferflocken-Großversuch in der vierten Klasse und leistungsschwachen Lehrlingen entwickelte sich innerhalb von drei Monaten eine klare Steigerung der Leistungsfähigkeit. Die Kinder waren fröhlicher, weniger flatterhaft, besonders konzentriert, sie wurden lebendiger und fühlten sich nicht mehr so müde.

In US-Kliniken wird Hafer wegen seiner psychoaktiven Wirkung bei der Therapie von Depressiven als »Naturarznei« verwendet, ebenfalls bei der Raucherentwöhnung.

Erfolgszahlen
Wissenschaftlich nicht belegt.

Zigarettenspitze

Nach dem so genannten Venturi-Prinzip funktioniert die Zigarettenspitze, die Teer und Nikotin aus der Zigarette herausfiltern soll. Raucher werden in Informationsschreiben dazu angehalten, schrittweise in vier Etappen ihren Tabakkonsum zu reduzieren. Die US-Herstellerfirma Venturi (benannt nach dem bekannten Physiker G. B. Venturi) aus Grand Rapids in Minnesota verspricht Abstinenz in 28 Tagen, basierend auf der Idee, dass vier verschiedene Zigarettenspitzen zum Einsatz kommen. Sie sollen, so die Theorie, nach und nach immer mehr Teer und Nikotin aus den Glimmstängeln filtern.

Stufe eins (rote Spitze) gilt vom ersten bis zum siebten Tag und soll den Schadstoffgehalt um 15 Prozent reduzieren. Stufe zwei (orange Spitze, 8. bis 14. Tag) soll 30 Prozent Reduzierung bringen. Stufe drei schließlich (gelb, 15. bis 22. Tag) 65 Prozent und Stufe vier (weiß, 22. bis 28. Tag) letztendlich 95 Prozent weniger Teer und Nikotin in den Körper transportieren.

Im ersten Teil des Filters wird der Rauch auf eine Geschwindigkeit von über 300 km/h beschleunigt.

Danach wird der Rauch heftig auf eine Sperre geschleudert. Durch den Temperaturrückgang verdichten sich die heißen Teer- und Nikotinpartikel und lagern sich auf der Mittelachse an. Tatsächlich stellen Raucher fest, dass nach nur wenigen Zigaretten sich ein bräunlicher Belag in der Spitze anreichert, den sie dann mühsam wieder abkratzen müssen. (Das allein wirkt abschreckend, da ein Raucher wahrscheinlich zum ersten Mal sieht, was in seine Lungen gepustet wird.)

Durch den stufenweisen Entzug von Nikotin soll der Körper nach und nach entwöhnt werden; dadurch fällt es den Entwöhnungswilligen nach vier Wochen leichter (so zumindest die Theorie des Herstellers), völlig mit dem Rauchen aufzuhören. Allerdings könne man die letzte Spitze Wochen, sogar Monate auf der »niedrigsten« Stufe rauchen, so lange, bis man aufhören möchte.

Kosten

Ein Paket der Spitzen kostet etwa 22,50 Euro plus 2 Euro Versand. Der Ausstiegskandidat muss in der Regel den Betrag auf das Konto beispielsweise der Nichtraucherinitiative Wiesbaden e.V. (Robert-Stolz-Str. 35, Tel: 06122-2194) überweisen oder einen Verrechnungsscheck schicken und erhält die Spitzen per Post.

Für wen ist die Zigarettenspitze geeignet?

Rauchern, die davor zurückschrecken, von einem Tag auf den anderen aufzuhören, und die an dem stufenweisen Ausstieg mit einem Hilfsmittel Gefallen finden, könnte die Methode zusagen. Schwere Raucher, die Angst vor Entzugserscheinungen haben, berichten, dass ihnen der Gedanke gefiele, langsam auf das Nikotin zu verzichten. Allerdings gehört – wie bei den meisten Methoden – eine gewisse Konsequenz dazu, da man auf keinen Fall ohne die Spitzen rauchen sollte.

Außerdem gefällt einigen Usern, dass sie für diese Entwöhnungsmethode keine Nikotinersatzstoffe benötigen, da sie ja weiterhin rauchen, das Nikotin aber mit der Zigarette inhalieren und mit der Spitze kontrolliert reduzieren. Dies tun sie allerdings zu dem Preis, dass sie alle Schadstoffe aus der Zigarette weiter einatmen, obwohl sie eigentlich schon aufhören wollen. Sie lernen in den vier Wochen des Reduzierens, ihr Rauchverhalten zu kontrollieren.

Erfolgsrate

Eine Nichtraucherinitiative preist die Methode an und vermerkt, ihre Erfolgszahlen seien »vier- bis fünfmal höher als alle anderen Raucherentwöhnungsmethoden«. Kontrollierte Studien, die eine derart hohe Erfolgsrate irgendeiner Methode vermelden, existieren nicht.

Fallbeispiel: Ein ganz einfaches Prinzip

Helga R., eine 52-jährige Reisekauffrau und ehemalige Stewardess aus München, rauchte 20 Jahre lang eine Schachtel täglich. »Alle Stewardessen haben in den 70er Jahren geraucht«, meint sie. An die Zigarettenspitze gelangte sie, da sie in einer Talkshow erwähnt und eine Telefonnummer zum Bestellen eingeblendet wurde.

»Da habe ich einfach angerufen und dann am nächsten Tag damit angefangen.« Gemerkt habe sie nichts davon, dass immer weniger Nikotin in das Gehirn gerate, aber es hat zunächst einmal funktioniert. »Das ist ein ganz einfaches Prinzip mit den verschiedenfarbigen Filtern. Ich habe das ziemlich schnell hinter mich gebracht. Ich war eine richtige Suchtraucherin, die es früher schick fand zu qualmen, und dann nicht davon loskam. Ich habe früher auch mal Akupunktur versucht, das hat aber überhaupt nichts gebracht. Mit meiner Freundin ging ich zum Heilpraktiker, aber wir haben uns schon wieder eine angesteckt, als wir gerade aus der Praxis rauskamen.

Allerdings wollte ich damals noch nicht so richtig aufhören, denke ich jetzt im Nachhinein, und hatte mir wohl zu viel von der Akupunktur versprochen, dass das so ganz von alleine ginge oder so. Also mit der Spitze hat das dann erst geklappt, aber nach drei Jahren bin ich rückfällig geworden. Dann habe ich es ohne alles geschafft, wieder aufzuhören, das war aber viel schwieriger als mit der Spitze.«

10. Zyban – die erste Pille gegen Nikotinsucht

Die Entdeckung – Wie der Zufall es wollte

Nervös rennt Peter R. über den Gang der Klinik in einem Vorort von Washington und schimpft leise vor sich hin. Nichts, aber auch nichts gönnt man ihm. Schwarze Gedanken kreisen im Kopf des depressiven Patienten. Kein bisschen Genuss steht ihm zu in diesem bescheuerten Krankenhaus. Er drückt seine Zigarette im nächsten Blumenkübel aus und kickt mit dem Fuß dagegen. Verdammt. Rauchen schmeckt einfach nicht mehr. Und das fahle Grünzeug gibt ein genauso trauriges Bild ab wie er selbst.

Seit zwei Wochen nimmt er Pillen gegen die schleichende Trübsal. Verlor er deswegen die Lust auf die Glimmstängel? Wieso, um Himmels willen, schmecken sie ihm nicht mehr? Sein Zimmernachbar, ein ruhiger Geselle und Kettenraucher, jammerte ebenfalls, seine ehemals geliebten Filterlosen seien ihm heute ein Graus. Der behandelnde Arzt konnte es nicht recht glauben: Zahlreiche depressive Patienten, zuvor starke Raucher, schmissen einfach ihre Zigaretten in den Müll.

Aufgrund dieser (hier frei ausgeschmückten) Beobachtungen eines Arztes wurde ein neues Medikament entdeckt: Zyban mit dem Wirkstoff Bupropion, setzen US-Mediziner seit Jahren unter dem Namen Wellbutrin gegen Depressionen ein. Nur beiläufig entdeckten sie, dass ihren melancholischen Patienten, die bekanntlich häufig stark rauchen, Zigaretten offensichtlich nicht mehr schmeckten. Nach und nach zeichnete sich ab, dass dies mit der Substanz in dem Antidepressivum zusammenhängen könnte.

Verwirrung im »Oberstübchen«

Wie genau stimmungsaufhellende Pillen im Gehirn wirken, ist Ärzten meist ebenso ein Rätsel wie ihren Patienten. Zwar existieren Theorien und Modelle, doch sie erklären nur ansatzweise, was sich wirklich in unserem komplexen Denkorgan abspielt. Deswegen ist es auch immer wieder für Überraschungen gut. Wie im Fall von Zyban.

Die erste Pille gegen Nikotinsucht ist übrigens nicht das einzige Präparat, das Mediziner nicht durch jahrelanges Forschen im Labor, sondern per Zufall entdeckt haben. Viagra, die berühmte Pille gegen Potenzstörungen, hat eine ähnliche, recht pikante Vorgeschichte: Ärzte wunderten sich nicht schlecht, wieso ihre doch schon betagten Patienten, die die Substanz gegen eine völlig andere Erkrankung einnahmen, die Pillen bereitwillig, ja geradezu freudig schluckten. Sollte sie hingegen zum Ende der Therapie abgesetzt werden, protestierten sie heftig und beschworen die Ärzte, ihnen Viagra weiterhin zu verabreichen.

Anekdotenhafte Erzählungen kursieren, dass Patienten, bei denen sich der angenehme Nebeneffekt schnell herumsprach, einen blühenden Handel mit ihrer Arznei betrieben und gute Freunde (sowie deren Frauen) an den Freuden der Therapie teilnehmen ließen – Viagra verhilft Patienten mit Potenzstörungen zu beachtlichen Erektionen.

Doch zurück zu Zyban. Der Karriereweg vom Antidepressivum bis zur Zulassung als Raucherentwöhnungsmittel in Deutschland dauerte mehrere Jahre, da der britische Pharmakonzern Glaxo zunächst in Patientenstudien beweisen musste, dass die Substanz in dem Anwendungsgebiet »Raucherentwöhnung« sicher ist und wirkt. »In Deutschland haben wir mehrere Zentren ausgewählt, die an einer internationalen Zyban-Studie teilnehmen«, erläutert der oberste Zyban-Koordinator Paul Winter von Glaxo in London. »Das Besondere an dem Mittel ist, dass es gegen die Entzugserscheinungen wirkt, aber im Gegensatz zu herkömmlichen Entwöhnungsmedikamenten wie Pflaster, Sprays oder Kaugummis eben kein Nikotin enthält.« In den USA ist Zyban für die Raucherentwöhnung schon seit 1997 zugelassen.

Heute spielt die im Jahr 2000 in Deutschland zugelassene Pille gegen Nikotinsucht fast keine Rolle in der Raucherentwöhnung. Aufgrund von zum Teil schweren Nebenwirkungen hat es sich nicht durchsetzen können, obwohl schweren Rauchern damit geholfen wird. In Deutschland wurden zwei Todesopfer unter 280 000 Anwendern seit der Zulassung des verschreibungspflichtigen Mittels im Juli 2000 registriert. Außerdem liegen 107 Berichte über unerwünschte Nebenwirkungen vor. In Großbritannien (419 000 Zyban-Konsumenten) sind 5352 Fälle mit Nebenwirkungen registriert.

Besonders gefürchtet sind die epileptischen Krampfanfälle, sie treten in einem von 1000 Fällen auf. Zwar informierte schon bisher der Beipackzettel darüber, doch erst bei einer großen Patientenzahl, also wenn ein Mittel auf dem Markt ist, treten seltene Nebenwirkungen deutlicher in Erscheinung. Nach der neuen Verfügung ist der Warnhinweis verschärft und die erlaubte Dosis für die erste der auf sieben bis neun Wochen anberaumten Entwöhnungstherapie deutlich herabgesetzt.

Das Spektrum der Risiken reicht noch weiter, von deutlicher Blutdruckerhöhung über Unverträglichkeit mit rund einem Dutzend gängiger Medikamente bis zu Sehstörungen und Verwirrtheit.

Was man über Zyban wissen muss

Beschreibung
Erstes Medikament zur Raucherentwöhnung ohne Nikotin.

Ziel der Therapie
Die vollständige, dauerhafte Tabakentwöhnung.

Für wen geeignet?
Alle starken Raucher, die aufhören wollen, jedoch nicht für Jugendliche unter 18 Jahren.

Wo erhältlich?
Zyban ist verschreibungspflichtig und darf seit 2000 in Apotheken verkauft werden. In wenigen Einzelfällen kann der Arzt Zyban nicht verordnen.
Kombination mit kurzer therapeutischer Unterstützung
Die Wirksamkeit der Pille haben Ärzte in wissenschaft-

lichen Studien ebenso nachgewiesen wie ihre Kombination mit einer kurzen psychologischen Unterstützung.

Erfolgsquote
In Kombination mit einer begleitenden verhaltenstherapeutischen Anleitung beträgt die Erfolgsquote nach einem Jahr 30,3 Prozent. Die Kombination mit einem Nikotinpflaster erreicht 35,5 Prozent (Quelle: The New England Journal of Medicine, 4. März 1999, D.E. Jorenby & others).

Dauer der Einnahme
In der Regel bekommt der Patient das Medikament sieben bis neun Wochen. Ein begleitendes verhaltenstherapeutisches Selbsthilfemanual setzt bereits vor Einnahme der ersten Anti-Raucher-Pille ein.

Einnahme-Modus
Die Pille wird bereits einige Tage eingenommen, bevor der Entwöhnungswillige aufhört zu rauchen, damit ein gewisser Pegel im Blut erreicht wird.

Kosten
Zyban kostet rund 2,50 Euro pro Tag, Gesamtkosten also je nach Dauer der Einnahme ungefähr 150 Euro. Zyban muss in der Regel privat bezahlt werden.

Nebenwirkungen
Hauptsächlich Schlafstörungen (mehr als 40 Prozent) und trockener Mund (mehr als 10 Prozent), epileptische Krampfanfälle. In Deutschland wurden zwei Todesfälle bekannt, die mit Zyban in Verbindung stehen.

Wie wirkt die Anti-Raucher-Pille?

Die Wirkung von Zyban hängt eng mit derjenigen des Nikotins zusammen. Nikotin bindet sich an den Nikotinrezeptor im Gehirn und bewirkt eine rasche Ausschüttung des Glückshormons Dopamin im »Belohnungszentrum« des Gehirns (mesolimbisches System). Die stimulierende Wirkung des Suchtstoffs beruht auf einer erhöhten Noradrenalin-Ausschüttung im Gehirn. Außerdem entwickeln Raucher eine erhöhte Anzahl an Nikotinrezeptoren im Gehirn, die ständig mit ihrem Stoff »gefüttert« werden müssen.

Sinkt dagegen der Nikotinspiegel im Blut, wenn der Raucher einige Zeit keine Zigarette mehr geraucht hat, fallen ebenfalls die Werte für Dopamin und Noradrenalin ab. Das Resultat: Der Raucher empfindet eine unbändige Gier (englisch: craving), sich eine anzustecken.

Wie genau die Substanz Bupropion (Zyban) in diese Kaskade hineinspielt, ist nicht bekannt. Auf die eine oder andere Weise scheint es bei einigen Rauchern die Schmacht nach der Zigarette zu mildern. Wie gesagt, manchmal tappen Forscher selbst nach Jahren intensiver Arbeit im Dunkeln, denn noch lässt sich das Gehirn in so manchen Fragen nicht in die Karten schauen.

Bekannt ist, dass der Zyban-Wirkstoff Bupropion die Konzentration der Botenstoffe Dopamin und Noradrenalin erhöht und dadurch die Wirkung von Nikotin imitiert, ohne sich an die Nikotinrezeptoren zu binden. Bei Ratten erhöht die Substanz die Konzentration von Dopamin im Belohnungszentrum. Vielleicht, so die Theorie, ahmt die Substanz Bupropion die anregende Wirkung von Nikotin im Gehirn nach und mildert so die Gier der Raucher. Wer schon einen unterschwelligen Pseudo-Kick verspürt, »braucht« eventuell die Zigarette dann nicht mehr, so eine vage Vermutung. Forscher nehmen zumindest an, dass entweder die Glückshormone Dopamin oder Noradrenalin, möglicherweise auch der Botenstoff Serotonin in die Wirkkaskade von Zyban eingeschaltet sind.

Fallbeispiel:
Andreas F., 44-jähriger Taxifahrer aus Berlin, kennt die Stadt wie seine Westentasche. Jede Nacht kutschiert er Fahrgäste durch die Metropole – an guten Tagen zwölf, an schlechten 18 Stunden am Stück. Manchmal steht er eine scheinbare Ewigkeit am Stand, steckt sich eine nach der anderen an. »Seit drei Jahren rasselt mein Husten, vorher hat es morgens immer nur im Hals gekratzt.

Irgendwann hielt ich es nicht mehr aus, besorgte mir die Anti-Nikotin-Pille von einem Freund aus Amerika. Dort gab es die schon. Ich dachte mir, Mensch, das ist doch einfach, die schluckst du und dann hörst du auf. Ich habe es ja schon fünfmal probiert, auch wegen meiner Frau. Die konnte das ewige Husten morgens im Bad nicht mehr hören.

Aber wenn du nachts so alleine da stehst und es ist nichts los, rauchst du eine nach der anderen, ganz unwillkürlich. Dann habe ich Zyban genommen. Das war erst unlogisch, dass ich die nehmen und einfach weiterrauchen sollte. Aber dann habe ich nach acht Tagen aufgehört mit den Zigaretten. Das Taxi roch noch danach, aber ich habe mir nie wieder eine angesteckt. Stattdessen habe ich nachts Englisch gelernt, auch kein Radio gehört, da musste ich ja immer an die verdammten Zigaretten denken. Ich habe diese Kassetten abgespielt und meine Übungen gemacht, das hat mich abgelenkt.

Wenn einer eingestiegen ist und schon die Fluppen gezückt hat, habe ich einfach auf das Nichtraucherschild gezeigt. Einmal hat einer gesagt: Aber hier riecht es doch total nach Zigaretten, wenn das ein Nichtrauchertaxi ist, fress ich ’nen Besen. Da habe ich ihn zu einem Kollegen im Wagen hinter mir geschickt. Tja, das hat mich eine halbe Stunde zusätzlich am Stand gekostet. Aber es hätte mich verrückt gemacht, wenn der sich eine angesteckt hätte. Total verrückt.«

Indikation: Wofür ist die Anti-Raucher-Pille zugelassen?

In Deutschland ist Zyban seit dem Jahr 2000 für die Raucherentwöhnung zugelassen. In den USA erteilte die FDA (Food and Drug Administration), die oberste Gesundheitsbehörde, Zyban bereits im Mai 1997 die Genehmigung. Ärzte, seien es Hausärzte, Suchtspezialisten, Internisten oder Psychiater, können ihren rauchenden Patienten Zyban verschreiben.

Wissenschaftliche Untersuchungen zu Zyban
Die »New England Journal of Medicine«-Studie

Ein mehrköpfiges Forscherteam um Douglas Jorenby befasste sich über vier Jahre mit Zyban und entwarf ein Prüfprotokoll, wie Ärzte es nennen, um die genauen Eigenschaften der Pille bei der Raucherentwöhnung zu testen. Am 4. März 1999 erschien ihre Publikation im renommierten »The New England Journal of Medicine«.

Bei 893 Patienten, die in vier unterschiedliche Gruppen eingeteilt wurden, testeten sie das Medikament. 218 Patienten kamen aus Arizona, 227 aus Kalifornien, 220 aus Nebraska und 228 aus Wisconsin.

- Eine Gruppe erhielt nur Zyban.
- Die zweite Gruppe bekam Zyban und ein Nikotinpflaster.

- Die dritte Gruppe erhielt nur das Nikotinpflaster.
- Die vierte bekam ein wirkungsloses Scheinmedikament (Placebo).

Wissenschaftler nennen das »vierarmige« placebokontrollierte Doppelblind-Studie (aus unerfindlichen Gründen sagen sie statt Gruppen »Arme«). So können sie später, wenn sie die Resultate auswerten, unterschiedliche Patientenkollektive miteinander vergleichen.

So können sie beispielsweise die Frage stellen, ob Zyban allein oder in Kombination mit dem Nikotinpflaster die besseren Erfolgsraten aufweist. Ebenfalls interessiert sie, welche Nebenwirkungen auftreten. An dieser Stelle kommt die Placebo-Gruppe ins Spiel. Die Gruppe mit dem Scheinmedikament dient als Kontrolle, denn auch diese Patienten berichten zum Beispiel von Kopfschmerzen als »Nebenwirkung« der Therapie. Dies sind die Regeln bei wissenschaftlichen Patientenstudien und zeigt, wie viel Aufwand es für die Ärzte erfordert. Ziel ist es, die Ergebnisse in einer möglichst hoch angesehenen Fachzeitschrift zu veröffentlichen.

Blinde Kuh spielen

Weder Ärzte noch Patienten wussten, wer Zyban beziehungsweise das Scheinmedikament erhielt, damit die Ergebnisse »neutral« blieben. Diese doppelblind genannten Untersuchungen gelten als verlässlichere Quelle als zum Beispiel Studien, bei denen die Ärzte wissen, welcher Patient das Präparat bekommt und welcher nicht. Denn dort könnten Ärzte voreingenommen sein und der »Das-habe-ich-mir-doch-gleich-gedacht«-Effekt zu den tollsten Verwirrungen führen.

Neun Wochen lang nahmen die Patienten ihre Pillen. Die Zybangruppe erhielt in den ersten drei Tagen eine Tablette à 150 Milligramm pro Tag (Anbehandlung), dann für den Rest der Zeit immer zwei Tabletten Zyban à 150 Milligramm pro Tag.

Etappensieg nach neun Wochen

1. 49 Prozent der Probanden, die Zyban einnahmen, waren nach der neunwöchigen Behandlungsdauer immer noch Nichtraucher.
2. 58 Prozent der Personen aus der Kombitherapiegruppe (Zyban und Pflaster) waren nach neun Wochen noch rauchfrei.
3. 36 Prozent derjenigen, die nur das Nikotinpflaster nahmen, schafften es ebenfalls.
4. Immerhin 23 Prozent, die ein Scheinmedikament erhielten, schworen noch neun Wochen nach Behandlungsbeginn den Zigaretten ab. Eine erstaunliche Erfolgsrate, wenn man bedenkt, dass sie ja eigentlich keinen Wirkstoff erhielten. Aber der Glaube allein versetzt bekanntlich Berge. Wissenschaftler sprechen vom Placeboeffekt.

Nun rechnen die gestrengen Forscher dies allerdings noch nicht als wirklichen Erfolg. »Ja«, sagen sie, »Aufhören ist das eine. Das ist ja schon mal nicht schlecht«. Aber in Wahrheit sind sie auf etwas ganz anderes aus. Erfolgreich mit dem Rauchen aufgehört hat – nach wissenschaftlichen Kriterien dieser Studie –, wer nach einem Jahr immer noch nikotinfrei war. Und dann sah das schon ganz anders aus:

Ein Jahr später berechneten die Forscher das Gesamtergebnis der Studie. Dabei kamen sie zu folgenden Endergebnissen:

Erfolgsraten aus der »New England Journal of Medicine«-Studie

- 30,3 Prozent der Zyban-Verwender rauchten nicht mehr.
- 35,5 Prozent der Kombinationsgruppe rauchten nicht mehr.
- 16,4 Prozent der Nikotinpflaster-Gruppe waren noch nikotinfrei.
- 15,6 Prozent derjenigen Patienten, die das Scheinpräparat nahmen, rauchten ebenfalls nicht mehr.

Zusammenfassung der Resultate

Jorenby und seine Mitautoren schreiben in der Veröffentlichung: »Wir fanden heraus, dass Bupropion (Zyban) allein und in Kombination mit Nikotinpflaster zu einer höheren langfristigen Abstinenzrate führte als das Scheinmedikament oder das Nikotinpflaster allein.« Außerdem, so die Forscher weiter, hätten sie keine signifikanten Unterschiede zwischen der alleinigen Therapie mit Zyban und der Kombibehandlung mit Zyban und Pflaster herausgefunden. Nicht signifikant bedeutet hier, dass zwar die Erfolgszahl höher war, dieser Umstand aber keine statistische Aussagekraft hat, auf die man eine wasserdichte wissenschaftliche Aussage stützen könnte.

Entzugserscheinungen – wenn Ex-Raucher die Wände hochgehen

Besonders gespannt waren Raucher und Ärzte, wie die Studienteilnehmer den Ausstieg aus ihrer meist jahrelangen Nikotinabhängigkeit verkraften würden. Deswegen notierten die Ärzte in der ersten Woche täglich, später einmal wöchentlich jegliche Anzeichen von Entzug bei ihren frisch gebackenen Nichtrauchern. Ihre Beobachtung: Alle vier verschiedenen Gruppen zeigten in der ersten Woche nach dem Aufhören Anzeichen von Nikotinentzug (Nervosität, Konzentrationsschwierigkeiten, Schlaflosigkeit, Unruhe, Missstimmung). Allerdings stellten sie fest, dass diejenigen, die entweder Zyban, das Nikotinpflaster oder beides genommen hatten, von weniger Entzugserscheinungen gequält wurden.

Erfolgsraten und Bewertung

Schwer nikotinabhängige Raucher sind die Zielgruppe für Zyban. In Kombination mit dem dafür entwickelten Programm, das auf Methoden der Verhaltenstherapie basiert, haben sie eine weitere Möglichkeit, mit guten Erfolgsaussichten aufzuhören.

Laut »The New England Journal of Medicine« rauchten 30,3 Prozent der Zyban-Verwender nach zwölf Monaten nicht mehr sowie 35,5 Prozent der Kombinations-Gruppe (Zyban und Nikotinpflaster). Zum Vergleich: 15,6 Prozent derjenigen Patienten, die ein Scheinpräparat nahmen, rauchten ebenfalls nicht mehr.

Bupropion allein und in Kombination mit Nikotinpflaster führt zu einer höheren langfristigen Abstinenzrate als das

Scheinmedikament oder das Nikotinpflaster allein, so die Autoren der Studie. Außerdem hätten sie keine signifikanten Unterschiede zwischen der alleinigen Therapie mit Zyban und der Kombibehandlung mit Zyban und Pflaster gefunden.

Verhaltenstherapeuten schreiben einen Teil der guten Erfolgsquoten dem psychologischen Begleitprogramm zu, an dem sich die Ex-Raucher während der Studie orientieren können. Die Kombination aus Pille und korrigiertem Verhalten sei eine gute Alternative für stark abhängige Raucher. Zyban sei aber keine Wunderpille, auch dieser neue Weg der medikamentösen Entwöhnung bedarf der Kooperation des Rauchers.

Das richtige Gewichtsmanagement

Die Stylistin Katja S., 35, konnte es nicht fassen. Zwar erntete sie großes Lob von ihren Freundinnen, als sie vor 2 Monaten das Rauchen aufgab. Schließlich hatte sie 15 Jahre lang eine Packung täglich inhaliert. Doch jetzt stellte sie fest, dass sie kontinuierlich Gewicht zulegte. Nach zwei Monaten brachte sie drei Kilo mehr auf die Waage, nach vier Monaten fünf Kilo. Denn statt Lust auf Nikotin überfielen Katja allabendlich unbändige Essensgelüste. Mal lief ihr das Wasser im Munde zusammen beim Gedanken an San-Daniele-Schinken, mal war es französischer Käse oder einfach Toast mit Honig.

Zwar träumte Katja nicht von einer Modellfigur. Als Stylistin hatte sie viel mit 17-Jährigen zu tun, die in die winzigen Vorführ-Kleidungsstücke der Designer passten. Absurd zu glauben, als erwachsene Frau könne man so aussehen. Trotzdem fühlte sie sich nicht mehr wohl in ihrer Haut.

Wie Katja geht es vielen Ex-Rauchern. »Durchschnittlich nehmen sie drei bis vier Kilo zu«, weiß die Psychologin Anne Wilkening vom Raucherentwöhnungs-Programm an der Charité in Berlin. In Ausnahmefällen ist es auch mal sehr viel mehr. Frauen wie Männer leiden gleichermaßen unter den zusätzlichen Pfunden. Denn zu dem Gefühl, etwas Tolles geschafft zu haben, mischt sich der Frust, jetzt einen neuen Feind zu haben: das Übergewicht.

Nach dem Rauchen stellt sich der gesamte Stoffwechsel im Körper um. Mehrere Forschergruppen gelangten zu der Erkenntnis, dass Raucher nach dem Rauchstopp etwa 300 Kalorien täglich zusätzlich aufnehmen. Und zwar hauptsächlich in Form von Süßigkeiten. Das überrascht kaum, denn schließlich erfüllen süße Naschereien ein paar der Funktionen, die vorher die Zigaretten erfüllt haben. Man nimmt sie in die Hand, fingert an ihnen herum und steckt sie in den Mund. Das allein verschafft vielen enorme Befriedigung.

Zudem fehlt im Stoffwechsel von Ex-Rauchern der durch das Nikotin erhöhte Energieverbrauch, etwa 200 Kalorien pro Tag. Das Nervengift kurbelt den Stoffwechsel an und führt so zu einer höheren Kalorienverbrennung. Statt also Energie zu verbrennen, wenn auch in geringer Form, nimmt der Betroffene, angefeuert durch Heißhungerattacken, zusätzlich Kalorien auf.

Rauchen an sich hilft nicht abzunehmen. Jeden Tag stecken sich tausende Frauen und Männer eine Zigarette an in der irrigen Ansicht, sie würde dabei helfen, schlank zu bleiben. In einer Langzeitstudie an 4000 Probanden fand Robert Kleges von der Universität Memphis jedoch heraus, dass es keinen Zusammenhang zwischen Rauchen und Gewichtsabnahme gab. Einzig Männer mit schwarzer Hautfarbe hätten ein wenig Gewicht verloren.

Heißhungerattacken – Belohnung durch Lieblingsspeisen

Ein Problem für die frisch gebackenen Nichtraucher ist, dass mit den Zigaretten auch ihre wirkungsvollste Methode wegfällt, sich zu belohnen. Ein schwieriges Telefonat ist zufrieden stellend beendet worden, ein langes Meeting überstanden, ein anstrengender Tag mit dem süßen Nachwuchs zu Hause zum Abschluss gebracht. Automatisch will der Raucher nur noch das eine: sich eine anstecken. Ausruhen und Zigarette sind für ihn das Synonym für Belohnung. Fällt sie weg, liegt eine Belohnung mit Süßigkeiten nahe. Für die einen ist es ein Stück Kuchen, das zum Ritual wird, andere haben stets eine Tüte Minischokoriegel oder diverse Fruchtgummi-Mischungen auf dem Tisch liegen.

Ohne das stimmungsaufhellende Nikotin fällt der Ex-Raucher in ein Loch, ein regelrechtes Stimmungstief, in seinem Gehirn fehlt Dopamin. Eine vergleichbare Reaktion läuft bei allen Süchten (Heroin, Kokain oder Nikotin) ab. Die unbändige Lust auf Zucker und Fett lässt sich so erklären: Eine große Menge Zucker in Form von Süßem jagt den Insulinspiegel und die Stimmung in die Höhe. Im Fall eines Schokoriegels lässt sie ihn aber nach zehn Minuten auch wieder überproportional schnell in den Keller sacken. Nur ein Nahrungsmittel mit viel Zucker oder Fett kann den Insulinspiegel wieder über die kritische Schwelle des Unterzuckers bringen. Der Teufelskreis aus Unterzucker, Stimmungstief und Heißhungerattacke hat begonnen.

Neben Zucker vermögen Lebensmittel mit so genannten schnellen Kohlenhydraten den Insulinspiegel rasch in die Höhe zu treiben. Darüber, ob ein Kohlenhydrat schnell oder langsam ist, entscheidet sein glykämischer Index, also seine Fähigkeit, im Blut in verfügbare Energie umgewandelt zu werden. Forscher entdecken immer mehr, dass die Kalorienzahl im Essen allein nicht die einzige Rolle spielt, sondern auch die Eigenschaft von Lebensmitteln, lange anzuhalten oder ein Zuckerfeuerwerk in Blutkreislauf und Gehirn zu entfachen. Bekanntermaßen verglüht ein Strohfeuer sehr schnell, es muss »nachgeladen werden«. So ähnlich muss man sich diesen Zusammenhang auch mit Lebensmitteln vorstellen. Eine Scheibe Weißbrot lockt schnell Insulin ins Blut, sein Nährwert ist niedrig und es verglüht rasch. Wer eine Scheibe Weißbrot mit Marmelade frühstückt, hat nach einer Stunde wieder Hunger. Der Blutzuckerspiegel sackt nämlich wieder unter den Schwellenwert für Hunger, das zweite Frühstück ist fällig. Wer eine Scheibe Vollkornbrot frühstückt, facht den Stoffwechsel langsamer an. Vollkornbrot enthält langsame Kohlenhydrate, die gemächlich verstoffwechselt werden. Dementsprechend länger halten sie an, der Blutzuckerspiegel fällt nicht so dramatisch ab.

Erschwerend kommt hinzu, dass ein Großteil der süchtigen Raucher, bei denen mehrere Versuche aufzuhören fehlgeschlagen sind, bereits depressive Episoden erlebt haben. 80 Prozent aller Patienten, so Wilkening, die zu ihr in die Raucherentwöhnung kommen, berichten, schon einmal depressiv verstimmt gewesen zu sein. Das stimmungsaufhellende Nikotin wirkt wie eine Eigentherapie. Bekannt ist ja zudem, dass zu Depressionen neigende Menschen ihren Kummer mit Alkohol »therapieren«.

Um dem zu entgehen, klären Raucherentwöhnungsexperten in ihren Gesprächen über diesen fatalen Zusammenhang zwischen Nikotinentzug und Heißhungerattacken auf. Die Verhaltenstherapeutin Anne Wilkening von der Charité in Berlin drückt den Betroffenen eine Liste mit Nahrungsmitteln in die Hand, die ihnen beim Zigaretten-Verzicht helfen:

Tomaten
Tomatensaft
Ananas
Seefisch
Rote Paprika
Weintrauben
Bananen

All diese Nahrungsmittel machen glücklich, aber nicht dick. In gewissem Maße ist auch Bitter-Schokolade erlaubt, die Endorphine in unser Blut lockt, uns vorübergehend euphorisch stimmt und von der wir nicht so viel essen können. Sie ist allerdings kalorienreich, wenn auch nicht so sehr wie Milchschokolade.

Beim Gewichtsmanagement ist es daher essenziell, sich selbst mit etwas anderem zu belohnen als mit Nahrungsmitteln. Überlegen Sie, wie ein typischer Tagesablauf aussieht, wann Sie sich einmal entspannt ins Sofa fallen lassen, und was automatisch für Sie dazu gehört. Die meisten Menschen entwickeln Rituale, ohne sich dessen bewusst zu werden.

Checkliste: Welches Essverhalten ist typisch für mich?

Gehen Sie die Fragen durch und reflektieren Sie Ihr Verhalten:

1. Gehört zu einem entspannenden Abend immer (!) ein Glas Bier, Wein oder etwas Härteres dazu?
2. Schreit Ihr Körper abends nach fetten Naschereien wie Chips, Flipps, Schokolade, Erdnüssen, gesalzenen Mandeln?
3. Setzen Sie sich zum Essen an den Tisch oder essen Sie nebenbei im Stehen, auf dem Sofa, im Sessel während des Fernsehens?
4. Essen Sie manchmal aus Langeweile?
5. Essen Sie manchmal, um Stress abzubauen?
6. Besteht Ihre Nahrung aus Fertigessen, die viele Kalorien haben?
7. Wie oft kochen Sie/wird bei Ihnen zu Hause gekocht?
8. Welche Lebensmittel enthält Ihr Kühlschrank in der Woche/am Wochenende?

9. Greifen Sie im Supermarkt automatisch nach leckeren Speisen, die Sie eigentlich gar nicht essen möchten, weil sie ungesund sind, aber an denen Sie nicht vorbeigehen können?
10. Werfen Sie regelmäßig verdorbene Lebensmittel weg, weil Sie zu viel eingekauft haben?

Gehen Sie die Fragen durch und sehen Sie in Ihren Kühlschrank. Überlegen Sie, ob Sie insbesondere in den ersten Wochen und Monaten der Raucherentwöhnung Ihr Essverhalten so gestalten können, dass Sie nicht unkontrolliert zunehmen. Sie müssen nicht Ihr ganzes Leben umkrempeln, um Nichtraucher zu werden oder zu bleiben. Es ist jedoch je nach Grad der Abhängigkeit keine leichte Aufgabe. Im Vergleich zum Rauchstopp sind moderate Umstellungen des Essverhaltens leicht, und sie helfen Ihnen, schlank zu bleiben.

Belohnen Sie sich selbst

Neben einer Überprüfung des Ernährungsverhaltens sollten Sie sich Dinge überlegen, mit denen Sie sich belohnen können, so wie Sie sich früher mit einer Zigarette belohnt haben. Das Gehirn muss wieder lernen, eine Stimmungsaufhellung ohne Nikotin zu erfahren. Dies wird einige Zeit dauern. Die Nichtraucher-Expertin Anne Wilkening von der Charité in Berlin berichtet, dass Frauen wesentlich mehr als Männer bei der Raucherentwöhnung auf solche Belohnungen angewiesen sind. Es fällt ihnen aber auch schwer, selbst Dinge aufzuzählen, mit denen sie sich anstelle von Zigaretten etwas Gutes tun können. Wilkening schlägt ihnen zum Beispiel vor, in ein spezielles Bad in Berlin, das Liquidrom (www.liqudrom.com), zu gehen, dessen Salzgehalt dem des Toten Meeres entspricht. Außerdem spielt in der Schwimmhalle Musik, und bei Vollmond hat das Liquidrom bis 2 Uhr nachts geöffnet – zum Mondscheinschwimmen!

Nikotinfreie Belohnungen

- einen Kaffee trinken gehen
- ein Fotoalbum kaufen und Bilder einkleben
- eine neue Pflanze für den Garten kaufen
- einen Thai-Kochkurs belegen
- eine Ausstellung besuchen
- in die Sauna/ins Dampfbad gehen
- Schwimmen gehen
- ein Eis essen gehen
- neue Laufschuhe kaufen
- mit dem Partner zum Essen gehen
- Sex mit dem Partner
- zur Massage gehen
- ein Buch kaufen
- einen Blumenstrauß kaufen
- einen Spaziergang machen
- einen Videofilm (DVD) ausleihen
- eine schöne Zeitschrift kaufen
- ins Kino gehen
- jemanden zum Essen einladen
- in der Stadt bummeln gehen
- fünf Minuten die Füße auf den Tisch legen
- Fenster aufmachen und durchatmen
- ein Bad nehmen
- Theaterkarten besorgen
- ein Popkonzert besuchen

Kalorienkiller Sport

Wer mit dem Rauchen aufhört und nicht zunehmen möchte, investiert am besten in ein Paar neue Laufschuhe. Nichts ist motivierender, als in bequemen Sportschuhen den Stoffwechsel hochzufahren und den Grundumsatz anzukurbeln. Wer dreimal pro Woche trainiert, verbrennt auch im Sitzen mehr Kalorien, als ein untrainierter Mensch.

Ein gutes Bewegungsprogramm beginnt mit moderatem Walking für Einsteiger – wer ohnehin schon viel Sport macht, bekommt auch keine Gewichtsprobleme. Zwei bis dreimal pro Woche zirka 20 bis 60 Minuten sollte die Ausdauer trainiert werden. Wer nicht immer draußen walken möchte, kann auch eine wöchentliche Schwimm-, Radfahr- oder Inline-Skating-Einheit einlegen. Wichtig ist nur, es regelmäßig zu machen, sonst bleibt der Umstellungsprozess des Stoffwechsels aus und der Körper verbrennt auch im Ruhezustand keine zusätzlichen Kalorien.

Langsame Dosissteigerung

Eine wesentliche Rolle beim Sport spielt die Pulsfrequenz. Wer zu schnell läuft, verbrennt statt Fett nur Kohlenhydrate. Deswegen sollte jeder nur so schnell laufen oder walken, dass er sich problemlos mit jemandem unterhalten könnte. Wer aus der Puste gerät, läuft zu schnell. Einige Hobbysportler kommen nur in den richtigen Laufrhythmus, wenn sie eine Pulsuhr tragen, die den Puls angibt.

Wichtig für bislang Untrainierte ist, es langsam anzugehen. Übereifer beim Laufen führt zu Rücken- und Knieschmerzen, wenn nicht genügend Muskeln vorhanden sind. Diese bauen sich sehr schnell auf, jedoch nicht über Nacht. Je nach individuellem Trainingszustand sollte man ruhig einmal einen Monat walken, immer wieder ein paar Minuten Laufsequenzen einlegen, und dann wieder walken. Die Dosis kann langsam gesteigert werden.

Beim Sport spielt die Tagesform eine wesentliche Rolle. Nicht jeder läuft gern morgens. Manche bringen aufgrund ihres individuellen Biorhythmus abends einfach mehr Kraft und Konzentration auf. Für das Laufen am Morgen spricht selbst bei Morgenmuffeln, dass sich jeder danach einfach großartig fühlt und über den ganzen Tag stolz auf die Aktivität sein kann. Das motiviert ungemein und hilft, das Programm durchzuhalten.

Motivation – den inneren Schweinehund überwinden
Schon hundertmal hat sich der Programmierer Andreas S., 35 Jahre, vorgenommen, morgens zum Laufen zu gehen. »Ich fand immer einen Grund, es nicht zu tun. Mal war das Wetter schlecht, mal waren die Gäste vom Vorabend lange geblieben, die Wohnung noch unaufgeräumt.« Er kam einfach nicht in den Rhythmus. Grundsätzlich unterscheiden Sportpsychologen zwei Typen von Menschen. Die einen nehmen sich vor, zwei- oder dreimal pro Woche zu laufen. Also zum Beispiel montags, mittwochs und noch einen Tag am Wochenende. Sie haben in den ersten drei bis vier Wochen die üblichen anfänglichen Motivationsprobleme, solange der Körper sich noch nicht umgestellt hat und von allein nach Sauerstoff und Bewegung verlangt.

Streitgespräch zwischen Engelchen und Teufelchen

Der andere Bewegungstypus darf gar nicht erst überlegen, ob er laufen soll oder nicht, sondern muss dies gewohnheitsmäßig jeden Tag tun. Sonst kommt er nie in den Genuss einer einzigen Trainingseinheit. Auf jeder Schulter sitzen imaginär ein Engelchen und ein Teufelchen, die im ständigen Streitgespräch ausfechten, was getan und was gelassen wird. Bei diesem Typ gewinnt immer das Teufelchen. Deswegen darf es erst gar nicht zu Wort kommen. Vielmehr muss die Routine einfach greifen und dem ständigen Querschläger die Argumente rauben. Stellen Sie also fest, ob Sie eher zur ersten Gruppe oder zur zweiten gehören, und das Training wird sich einpendeln.

Fettverbrennung in den Muskeln

Zum Walking-Programm gehört ein leichtes Krafttraining auch ohne Geräte, mit dem Beine, Bauch, der Rücken und die Arme muskulär aufgebaut werden. Einfache Übungen wie Sit-ups, die am Boden oder im Stehen zu Hause gemacht werden, können Sie Fitness-Zeitschriften oder Büchern entnehmen. Der Effekt des Muskelaufbaus wirkt bei frisch gebackenen Nichtrauchern gleich doppelt: zum einen verbrennen mehr Muskeln schlicht und einfach mehr Kalorien. Zum anderen motiviert ein gestärktes, gutes Körpergefühl, weiterhin Nichtraucher zu bleiben. Das Wohlbefinden, eine neue Flexibilität verleiht Flügel, zumindest mental.

Die besten Tipps: Nicht rauchen und schlank bleiben

Besser essen: Anti-Nikotin-Snacks

1. Essen Sie mehr mageres Fleisch und zweimal pro Woche Fisch. Mageres Fleisch ist Geflügel, Kalbfleisch, mageres Rind. Sie haben weniger Kalorien und mehr Vitamine und Mineralien.

2. Stellen Sie einen Teller mit Obst und Gemüse auf den Tisch. Die amerikanische Gesundheitsbehörde FDA (Food and Drug Administration) empfiehlt: »Take five a day«, also fünf verschiedene Obst- und Gemüsesorten täglich.
3. Essen Sie weniger Zucker. Wenn Sie mehr Zucker zu sich nehmen, als der Körper braucht, setzt der Körper Speck an. Zucker ist unter anderem in Keksen, Kuchen, Cola, Softdrinks, Ketchup und Süßigkeiten enthalten.
4. Essen Sie weniger Fett. Verwenden Sie Halbfettmilch, Joghurt oder Hüttenkäse anstelle von Vollmilchprodukten. Schneiden Sie Fettränder vom Fleisch ab. Dünsten Sie Ihre Speisen, anstatt sie in Fett zu braten. Essen Sie magere Wurst wie Pute anstelle von fetter Leberwurst.
5. Seien Sie vorsichtig mit Alkohol. Alkohol verhindert über Stunden die Fettverbrennung und verstärkt das Rückfallrisiko bei frischen Nichtrauchern.
6. Essen Sie mindestens dreimal am Tag. Frühstück und Mittagessen zu überspringen hilft Ihnen nicht dabei, Ihr Gewicht in den Griff zu bekommen, sondern führt zu Kopfschmerzen und quälendem Hungergefühl. Dann bekommen Sie bestimmt Lust auf eine Zigarette.
7. Wählen Sie die richtigen Zwischenmahlzeiten. Also zum Beispiel Dinge, die man lange kauen muss wie einen Apfel, Paprikaschnitze, ein Vollkornbrot mit magerem Käse oder Karotten.
8. Kochen Sie mit Kräutern und hochwertigen Ölen. Dann verbrauchen Sie weniger Butter, Margarine und fette Saucen.

9. Beginnen Sie Ihre Mahlzeit richtig, also mit einer Suppe, einem Salat mit fettarmem Dressing, einem Glas Tomatensaft, einem italienischen Vorspeisenteller, Wasser, Tee oder sonstigen kalorienarmen Getränken. Das sättigt.

Restaurantbesuche

Fett ist des Küchenchefs sicherer Weg zu gutem Geschmack. Je mehr Butter oder Sahnesoße, desto leckerer. Das gilt allerdings nicht für alle Küchen der Welt, aber bestimmt für die deutsche, österreichische und französische. Thailänder kochen mit viel frischen Gewürzen wie Kafirblättern, Lemongrass oder Thaibasilikum. Dies verleiht den Soßen und Suppen einen kräftigen Geschmack, auch ohne Sahne.

Wählen Sie im Restaurant Ihre Gerichte mit Bedacht und überlegen Sie sich, was sie enthalten, zum Beispiel fette Soßen. Warum nicht einmal nur Vorspeisen bestellen? Vielleicht können Sie sich vorübergehend mal für die Brokkolisuppe erwärmen, die ist sehr reich an Vitamin C und – wenn nicht in Form einer üppigen Cremesuppe serviert – nicht so kalorienreich. Oder bestellen Sie einmal Carpaccio, es ist quasi fettfrei.

In vielen Restaurants bereitet man Ihnen gern auf Wunsch einen Fisch vom Grill zu, das ist eine der kalorienärmsten Speisen, die Sie bestellen können, wenn auch meist sehr teuer. Wer beruflich viel auswärts essen muss, wird diese Variante allerdings schätzen, denn man fühlt sich leicht nach dem Essen und hat überflüssige Kalorien gespart, ohne auf eine gute Hauptspeise verzichtet zu haben. Niemandem wird auffallen, dass Sie zur Zeit auf Ihre Ernährung achten, Sie wählen einfach nur klug von der Speisekarte.

Die Moral von der Geschicht: Vorsicht beim Bestellen, insbesondere bei der Art und der Menge des Alkohols. Wein, Schnaps und Bier haben nämlich enorm viele Kalorien.

Zu Hause kochen

Vermutlich kennen Sie die größten Kalorienbomben in der Küche: Butter, Öl, Sahne, alles, was gut schmeckt eben. Richtig, aber: Schmackhaft werden Ihre Lieblingsgerichte insbesondere durch Gewürze, frische Kräuter und andere Zutaten. Außerdem geht es beim Kochen nicht vornehmlich um das »Weglassen«, sondern um genussvolle Variationen. Kreieren Sie neue Speisekombinationen. Das lenkt von der Zigarettensucht ab. Die furchtbaren Suchtattacken (cravings) können Sie in den Griff bekommen, wenn Sie etwas Zeit und Mühe in die Küche investieren.

Anstatt mit einer Fertigpizza auf dem Sofa zu sitzen, die nach einer viertel Stunde Zeit aufgegessen ist, verbringen Sie besser Qualitätszeit beim Zubereiten von neuen Leckereien. Denn in dem Moment, in dem die Pizza aufgegessen ist, verspüren viele den Drang, sich eine Zigarette anzustecken. Beim Schnipseln von frischem Paprika, Chilischoten, Hühnchenfleisch und dem Öffnen einer Dose Kichererbsen haben Sie die Hände nicht frei. Im Gegenteil. Sie werden abgelenkt, konzentrieren sich voll auf das Curryrezept aus Ihrem neuen Kochbuch. Wieviel Kokosmilch muss in die Soße? Wieviel Madrascurry und Kurkuma? Beim Kochen haben Sie keine Zeit, ans Rauchen zu denken, und später, wenn ein feiner Duft die Küche erfüllt, verfliegt die Lust auf eine Zigarette. Erst nach dem Essen wird es wieder gefährlich, dann haben Sie aber eineinhalb Stunden rauchfreie Zeit gewonnen.

Schon nach wenigen Tagen werden Sie bemerken, dass Sie wieder mehr schmecken und riechen. Beim Kochen können Sie die neuen Sinne voll einsetzen und eine ganz neue, erweiterte Wahrnehmung genießen.

Schokolade

Eine der fatalsten Suchtattacken von Ex-Rauchern richtet sich auf die Kombination von Zucker und Fett – und die beste Mischung von beiden heißt Schokolade. Schokolade macht glücklich, denn sie kurbelt die Ausschüttung von Glückshormonen an, das ist wissenschaftlich erwiesen. Sich Schokolade völlig zu verbieten, wenn man sie gern isst, führt nur zum gegenteiligen Effekt – Frust. Seien Sie locker mit Ihrem Schoko-Konsum, aber verhindern Sie die Abhängigkeit von der süßen Ersatzdroge. In ihrem Buch »Food & Mood« schlägt die Autorin Elisabeth Somer vor, ein Schokoladenfondue zu machen. Dippen Sie Erdbeeren, Bananenstückchen, Apfelscheiben oder was Ihnen sonst noch einfällt in Schokolade, und Sie haben einen raffinierten und viel gesünderen Stimmungsheber.

Sinnlose Schlankheitskuren

Zu Diäten haben Ernährungswissenschaftler eigentlich alles schon gesagt: Der berühmte Jojo-Effekt führt häufig zum gegenteiligen Ergebnis. Statt dünner, werden Sie immer dicker. Nur eine insgesamt ausgewogene Ernährung in Verbindung mit regelmäßigem Sport bringt den Erfolg. So können Sie Ihr Gewicht nach der Raucherentwöhnung kontrollieren. Zählen Sie keine Kalorien, sondern versuchen Sie, mehr Obst zu essen.

Werfen Sie am Morgen ein paar Stück Obst mit fettarmer Milch in den Mixer. So trinken Sie das Obst und müssen nicht mühselig an der tropfenden Birne knabbern. Auch mit einem Entsafter schaffen Sie es, ausreichend Obst oder Gemüse zu sich zu nehmen, ohne dass es Ihnen schon nach wenigen Tagen auf die Nerven fällt.

Das Kippenkartell

Wie Zigarettenkonzerne die wahren Folgen des Rauchens 40 Jahre verheimlichten

> »Die Zigarette ist das einzige Industrieprodukt Amerikas, das bei bestimmungsgemäßem Gebrauch zum Tode führt.«
> Patrick Reynolds, Enkel des Gründers des Zigarettenkonzerns R.J. Reynolds, der zehn Jahre brauchte, um sich das Rauchen abzugewöhnen, und jetzt aktiver Nichtraucher ist.

Jeffrey Wigand hat eigentlich ein tolles Leben: eine schöne Frau, ein weitläufiges Haus mit Doppelgarage, ein flottes Auto und Kinder, die er auf eine gute Schule schicken kann. Außerdem verbringt er seine spärliche Freizeit auf dem Golfplatz – mit allen Insignien des Erfolgs kann Jeffrey Wigand aufwarten. Und doch ist sein Leben ein großer Betrug.

Denn Wigand leitet das Forschungslabor des Zigarettenherstellers Brown & Williamson. Das Interesse seiner Chefs ist klar umrissen: Wigand ist dafür verantwortlich, den Tabak mit Chemikalien anzureichern, die die Kundschaft noch süchtiger nach den Krebs erregenden Tabakröllchen machen. Natürlich hat er ein Schweigegelübde abgelegt – niemand soll erfahren, wie verwerflich seine Arbeit ist, und wie zynisch und menschenverachtend die Machenschaften der Zigarettenindustrie sind.

Plötzlich zerbricht die trügerische Idylle, er verliert seinen Job und trägt das Geheimnis der chemisch aufgemotzten Zigaretten mit sich herum, bis er den Fernsehproduzenten Lowell Bergman trifft, dem er sich anvertraut. Der wittert sofort die Tragweite der Geschichte und bereitet alles für die bekannte Sendung »60 minutes« des amerikanischen Fernsehsenders CBS vor.

Doch irgendwie hat Wigands Exfirma Wind von der bevorstehenden Sensationsenthüllung bekommen und setzt die TV-Station unter Druck. Der Tabakkonzern erwägt Milliardenklagen, ein großer TV-Deal droht zu scheitern.

Weil der Fernsehsender vor der Zigarettenindustrie und ihren Erpressungsversuchen in die Knie geht, wird die Enthüllung zur unbequemen Affäre, der Journalist muss sich als »Fanatiker« und »Anarchist« von den TV-Bossen beschimpfen lassen, und der Kronzeuge Jeffrey Wigand wird ausgegrenzt. Der Beitrag wird aus dem Programm genommen, und die Welt erfährt zunächst nichts von den Giftmixereien in den Forschungslabors des Zigarettenherstellers.

So unglaublich diese Geschichte wirkt und sich deshalb auch als Vorlage für den Hollywood-Streifen »Insider« eignete, so wahr ist jeder Fakt. Der Spielfilm von Regisseur Michael Mann zeigt am Beispiel des Wissenschaftlers Wigand und des Journalisten Lowell Bergman, warum es der Zigarettenindustrie über Jahrzehnte gelang, die Weltöffentlichkeit zu belügen, was die Suchtwirkung und die gesundheitlichen Schäden ihrer Produkte angeht. Die Tabakmultis setzen die ganze Palette von PR-Maßnahmen, wirtschaftlichen und politischen Druck ein, um die Verbreitung ihres Herrschaftswissens zu verhindern. »Große Mächte, viele Tote, eine Riesenschweinerei«, kommentiert Der Spiegel den Film über den Fall Wigand.

Doch bis zur kinoreifen Aufdeckung des Megaskandals Mitte der neunziger Jahre war es ein langer Weg. Und jeder Tag, an dem die tödliche Wahrheit später um die Welt ging, garantierte den Zigarettenkonzernen Millionengewinne. Dass es den Firmen gelang, trotz erster Pressemeldungen (Reader's Digest 1954: »Krebs aus dem Karton«) so erfolgreich im Geschäft zu bleiben, ist einer gigantischen Kampagne zu verdanken, der kostspieligsten, längsten und erfolgreichsten Krisen-PR aller Zeiten. Ziel der Milliarden-Dollar-Aktion: das Überleben der Zigarettenindustrie trotz der bisherigen und künftigen Millionen toten Raucher zu sichern. Entworfen wurde die umfassende Glimmstängel-Verteidigungsschlacht in den 50er Jahren von John Hill, einem legendären PR-Profi. Gigantische Werbeaktionen in Radio, Printmedien und TV (durch die riesigen Etats kann sich die Zigarettenindustrie einer selbstverständlichen Gewogenheit in den Medien sicher sein), Promotion-Aktionen (Camel-Trophy) und Sportsponsoring (bemalte Rennautos) verpassen Zigaretten ein Abenteuer-Freizeit-Genuss-Image. Damit diese »Nur-wer-raucht-erlebt-was«-Welt nicht von renitenten Politikern oder Frischluftfanatikern gestört wird, war knallharte Lobbyarbeit eine weitere Säule des Hill-Plans. Um den Entscheidern in Politik und Verbänden die Vorteile des Rauchens plausibel machen zu können, mussten wissenschaftlich untermauerte Ergebnisse her. Zu diesem Zweck wurde in den USA das Tobacco Institute gegründet, in Deutschland leistete sich der Verband der Cigarettenindustrie, VdC, einen Forschungsrat. Durch einen 20-Millionen-Dollar-Etat (jährlich) gelang es dem Tobacco Institute als PR-Instrument mit wissenschaftlichem Anstrich die medizinischen Tatsachen zu verwässern oder mit geeigneten Studien in Zweifel zu ziehen. Nur durch die geschickte Vernetzung von Geheimhaltung, Bekämpfung von Tabakgegnern (Nichtraucher-Verbände, Ärzteschaft und Weltgesundheitsorganisation) und schwersten PR-Geschützen konnte die Zigarettenindustrie fast vier Jahrzehnte lang nahezu unbehelligt ihre Produkte verkaufen. Die Säulen ihrer Argumentation waren dabei immer:

1. Rauchen macht nicht krank.
   Dass Zigarettenrauch für Krebs- und Herzleiden verantwortlich sein soll, ist nicht eindeutig bewiesen.
2. Zigaretten machen nicht süchtig.
   Das Nikotin in Zigaretten macht nicht süchtig. Vielmehr entscheiden Raucher selbst, ob sie sich eine Zigarette anzünden oder nicht.
3. Passivrauchen schadet nicht.
   Auch für die negativen Wirkungen des Zigarettenrauchs auf Nichtraucher fehlt der entscheidende Nachweis.
4. Dr. Marlboro forscht selbst.
   An der Aufklärung möglicher Schäden ist die Zigaretten-Industrie selbst interessiert und investiert Millionen in Forschungsarbeiten.

Dass die Tabakhersteller selbst forschen und ihre Produkte wissenschaftlich analysieren, ist auch richtig. Viele Millionen Euro investieren die Großen der Branche jedes Jahr, um ihre Zigarettenmarken für jeden Markt speziell zu würzen, um den Geheimnissen der Konkurrenzmarken auf die Schliche zu kommen und eigene, neue Tabakprodukte zu lancieren.

Als Anfang der 60er Jahre erstmals Mediziner das Gesundheitsrisiko des Zigarettenqualms zur Sprache brachten, begannen auch die Tabakfirmen, die Wirkung ihrer Ware intensiv zu erforschen. Interne Berichte der Firmen zeigen überaus detaillierte Kenntnisse über die Gefahren und Wirkungen von Zigaretten und ihrer Inhaltsstoffe. An die Öffentlichkeit gelangten diese für alle Raucher lebenswichtigen Informationen nie. Und natürlich stehen sie im krassen Gegensatz zu jedem Werbespot, allen PR- und Sponsoring-Aktionen der Zigarettenindustrie. Die gesamte Presse- und Öffentlichkeitsarbeit nimmt sich geradezu zynisch aus, wenn man sich vorstellt, welches Wissen die Konzerne ihrer Kundschaft vorenthielten:

Gesundheitsrisiken

- BAT (ehem. British American Tobacco) wusste seit 1958, dass Zigarettenrauch »kanzerogene Stoffe in ausreichender Menge enthält (...), um Lungenkrebs auszulösen«.

- R.J. Reynolds wusste seit spätestens 1959, dass über 30 polycyclische Kohlenwasserstoffe im Zigarettenrauch enthalten sind. Laborversuche ergaben, dass »sich davon acht als Krebs erregend auf der Haut von Mäusen erwiesen«.

- Die Firma Ligget schreibt 1961: »Es gibt definitiv biologisch aktive Substanzen im Tabak. Sie sind: a.) Krebs erzeugend, b.) die Entstehung von Krebs fördernd, c.) giftig, d.) stimulierend, glücklich machend und geschmackvoll.«

1971 versandte die Firma Brown&Williamson eine Pressemeldung mit folgendem Wortlaut: »Nach Abwägung aller Fakten (...) halten wir die Aussage, dass Zigaretten Krebs verursachen, nicht für eine Tatsachenfeststellung, sondern allenfalls für eine Hypothese.«

Zunächst sollten die Forschungsergebnisse auch in die Entwicklung neuer Zigarettenmarken und Tabake fließen, die weniger gesundheitsschädlich sind. Doch schon bald zeigte sich, dass das Ziel einer »sicheren Zigarette«, die weder Krebs noch Herzleiden auslösen kann, völlig unrealistisch ist in Anbetracht der vielen tausend Giftstoffe, die es herauszufiltern gilt.

Suchtwirkung

Philip Morris wusste schon 1966, dass der Nikotingehalt im Rauch durch Zugabe von Ammonium verstärkt werden kann. »Es wirkt wie ein Beschleuniger für das Nikotin und katapultiert den Glücklichmacher in die Gehirnsuppe«, beschrieb Friedrich Wiebel gegenüber Focus die Wirkung der Chemikalie im Tabak.

Ein undatierter Bericht von BAT zeigt, wie genau die Wirkung des Tabaks erforscht wurde: »Innerhalb von 10 Sekunden nach dem Lungenzug ist das Nikotin im Gehirn. (…) Andere Drogen wie Marihuana, Amphetamine und Alkohol sind langsamer und ihre Wirkung möglicherweise von der Stimmung abhängig. (…) Wir haben also das deutliche Bild einer schnellen, hochgradig pharmazeutisch effektiven und billigen ›Droge‹ Tabak, die sogar noch gut schmeckt und dem Konsumenten manuelle und orale Befriedigung bringt.«

Ein Forschungsbericht von R.J. Reynolds aus dem Jahr 1972 beschäftigt sich mit der Einstiegsproblematik in die Raucherkarriere: »Der Nichtraucher greift nicht zur ersten Zigarette, weil er ein undefiniertes physiologisches Verlangen hat oder gar eine unterschwellige Gier nach Nikotin. Stattdessen beginnt er zu rauchen aus rein psychologischen Gründen: Ein besseres Image, dabei zu sein, wenn andere rauchen, es auszuprobieren, sich zu trauen oder um seine Hände zu beschäftigen. Erst nachdem man das Rauchen eine Zeit lang ausprobiert hat, beginnt die körperliche Befriedigung, die Gewohnheit und das Verlangen. Die ersten Erfahrungen mit der Zigarette sind meist sogar unangenehm, bis sich eine Toleranz für Nikotin einstellt.«

Fast jeder ist Passivraucher

Längst ist durch seriöse Studien nachgewiesen und als »Stand der Wissenschaft« anerkannt, dass Rauchen allein in Deutschland zu etwa 400 Lungenkrebstoten unter den Passivrauchern führt. Aber nicht nur Familienangehörige oder Arbeitskollegen sind durch den blauen Dunst gefährdet. Auch die »Passivraucher« im Bauch von Schwangeren sind massiven Risiken ausgesetzt. So steigt die Gefahr von Fehlgeburten, und das Geburtsgewicht ist deutlich niedriger (bis zu 100 Gramm, je nach Studie) als das von Nichtraucher-Babys.

Interessante Forschungsaufgabe: Kinder verführen

Brown&Williamson berichtet 1973 über den Erfolg ihrer Marke KOOL: »Kaum Zunahme in der Gruppe derer, die älter als 26 sind. Zunahme in der Altersgruppe von 16 bis 25 Jahren. Beim momentanen Wachstum wird ein Raucher der 16- bis 25-Jährigen bald dreimal so wichtig für KOOL sein wie jede andere Alterskategorie.«

R.J. Reynolds hatte schon 1975 konkrete Marketing-Pläne für Teenies: »Um langfristiges Wachstum für Camel Filter sicherzustellen, muss sich die Marke stärker auf die 14- bis 24-Jährigen konzentrieren, die neue liberale Werte verinnerlichen und das Zigarettengeschäft von morgen darstellen.«

Freude herrschte bei Philip Morris 1979 über den sensationellen Erfolg bei der pubertierenden Zielgruppe: »Demografische Studien zeigen, dass Marlboro in der Altersgruppe derer, die 17 Jahre und jünger sind, dominiert. Hier beherrscht die Marke 50 Prozent des Marktes.«

Diese Auszüge sind nur ein verschwindend kleiner Teil dessen, was die Zigarettenindustrie über die fatalen Wirkungen ihrer Produkte wusste. Auch dass sie dieses Wissen ganz offensiv zur Verführung von Kindern und Jugendlichen verwendete, ist zwar bei jedem gestylten Werbespot der Marke WEST, jeder Camel-Trophy und jedem Erguss des Philip-Morris-Forschungspreises klar. Doch waren sich die Firmenchefs und Pressesprecher der Tabak-Multis über Jahrzehnte nicht zu schade, um vehement ihre Lügengeschichten zu verbreiten.

So schrieb der damalige Philip-Morris-Chef Ross Millhiser 1978 in einem New-York-Times-Artikel, dass es gute Gründe gebe, »die Schuldhaftigkeit von Zigarettenkonsum bei Herzkrankheiten anzuzweifeln«.

In einer komödienreifen Vorstellung hoben die Chefs der sieben großen US-Tabakfirmen am 14. April 1994 die Hand zum Schwur vor dem Unterausschuss für Gesundheit und Umwelt des US-Repräsentantenhauses. »Zigaretten lösen keine Sucht aus«, versicherten die hoch bezahlten Manager unisono in der sechsstündigen Befragung unter Eid. William Campbell von Philip Morris bekundete gar, Nikotin trage lediglich »zum Geschmack und Genuss« der Zigaretten bei. Dass die Tabakbosse den Repräsentantenausschuss, das amerikanische Volk und den Rest der Weltöffentlichkeit glatt belogen hatten, deutete sich zwar schon seit Jahren an, ließ jedoch noch Raum für fadenscheinige Interpretationen der Zigarettenindustrie.

Schon 1964 veröffentlichte der oberste Gesundheitsbeamte der USA, der Surgeon General Luther Terry, einen denkwürdigen Bericht: »Zigarettenrauchen ist ein gesundheitsschädigender Faktor von ausreichender Bedeutung, um geeignete Abhilfemaßnahmen einzuleiten.« Folge: Im Jahr danach sackte der Zigarettenkonsum in den USA merklich ab – die Tabakbosse waren gewarnt. Terry hatte die Nikotinproblematik noch als »Gewöhnung« bezeichnet, während die Tabakforscher längst wussten, dass sie es mit einer potenten Droge zu tun hatten.

Erst 1979 erkannte der Surgeon General, »dass es keine Übertreibung ist, Rauchen als prototypische Abhängigkeit von einer süchtig machenden Substanz einzustufen«. Und noch neun weitere Jahre dauerte es, bis im offiziellen Rauch-Report der US-Regierung die Bemerkung auftauchte, dass »Zigaretten und andere Tabakformen Sucht auslösend sind«.

Die heißen Papiere

Am 12. Mai 1995 öffnete der Mediziner Stanton Glantz vom Moffitt Hospital in San Francisco ein Expresspaket. Als Absender trug das Päckchen den viel sagenden Namen »Mr. Butt«, zu Deutsch »Herr Zigarettenkippe«.

Mit großer Verwunderung riss Glantz die Sendung auf und kam aus dem Staunen nicht heraus. Auf etwa 4000 Seiten interner Protokolle, Laborberichte, Gesprächsnotizen und streng vertraulichen Strategiepapieren offenbarten sich dem

Mediziner die kompletten Machenschaften des Zigaretten-Multis BAT und der Tochterfirma Brown&Williamson (B&W). Die erste Reaktion von Glantz: Er fühlte sich, als wären ihm »die wahren Hitler-Tagebücher zugespielt« worden, schreibt Der Spiegel. Zusammen mit einigen Kollegen analysierte der Medizinprofessor den brisanten Papierberg und veröffentlichte sein Resümee im angesehenen Journal of the American Medical Association (Jama), das der Weltsensation fast eine gesamte Ausgabe widmete. Die geheimen Zigarettenpapiere ermöglichten erstmals »einen Blick durchs Schlüsselloch auf die Tabakindustrie. (...) Was wir alle seit Jahren vermuteten, aber nie beweisen konnten: Die Zigarettenindustrie vertreibt wissentlich und willentlich ein Produkt, das süchtig macht und das tötet.« »Nie zuvor«, so sagte Glantz den Medien, »haben wir einen ähnlich detaillierten und freimütigen Einblick nehmen können, mit welchen Taktiken und Strategien diese Industrie mit einer der wichtigsten medizinischen Kontroversen der zweiten Hälfte des 20. Jahrhunderts umgegangen ist.« Glantz stellte fest, dass die Forschungsabteilungen der Zigarettenkonzerne jeden wissenschaftlichen Beweis erbrachten, dass Rauchen süchtig macht und die gesundheitlichen Risiken umfassend erforscht waren. Die Zigarettenforscher wussten mehr, und sie wussten alles früher als der Rest der Medizinerzunft. »Sie waren uns 20 Jahre voraus«, so Glantz.

So erforschte das Battelle Memorial Institute für den Zigarettenkonzern BAT bereits 1963 die Suchtwirkung von Nikotin. Die Forscher gelangten zur Überzeugung, »das Alkaloid (Nikotin) scheint eng mit dem Phänomen der Tabakgewöhnung (Toleranz) und/oder Sucht verbunden zu sein«. Darüber hinaus stellten die Battelle-Wissenschaftler fest, permanenter Konsum von Nikotin beeinflusse das Hormonsystem derart, dass ständig höhere Nikotindosierungen nötig seien, um die gewünschte Wirkung des Nervengiftes sicherzustellen. Die tief verankerte Gier nach Nikotin erkläre, so schlossen die Battelle-Forscher, die Suchtwirkung der Zigaretten.

Ähnlich brisant war der Inhalt von Papieren, die der New York Times im Juni 1995 zugespielt wurden. Danach hat Philip Morris bis 1981 erhebliche Anstrengungen unternommen, um herauszufinden, welcher Nikotingehalt Rauchern besonders gut schmecke. Ergebnis: Der ideale Nikotingehalt liege etwas höher als die natürliche Giftkonzentration der Tabakpflanze. Die Forscher empfahlen der Konzernspitze, das Ergebnis bei jeder rauchbaren Neuentwicklung zu berücksichtigen. Die Anwälte des Tabak-Multis reklamieren seither standhaft, der Konzern hätte sich mit der Manipulation des Nikotingehalts beschäftigt, jedoch nur zu Testzwecken. Victor De Noble, ein ehemaliger Wissenschaftler aus dem Hause Philip Morris, behauptet dagegen, die Erkenntnisse hätten unmittelbar zur Entwicklung der Marke »Merit« geführt, einer Zigarette mit geringem Teergehalt, aber verhältnismäßig hoher Nikotinkonzentration. De Noble wollte seine Forschungsergebnisse (»Die Leute rauchen, weil das Nikotin das Gehirn beeinflusst«) schon in den 80er Jahren veröffentlichen, doch verhinderte das Unternehmen die Verbreitung dieser Erkenntnis. Untersuchungen des US-Kongresses lieferten jedoch noch weitere Details: So hat Philip Morris auch den Nikotingehalt der Marke »King Size Merit Ultra Light« und zeitweise (bis 1985) von Benson&Hedges-Zigaretten angehoben. »Eine Analyse habe gezeigt, dass bis 1978 im Tabak dieser Zigarette ein Teil Nikotin auf zwölf Teile Teer kam, was der natürlichen Mischung in einer Tabakpflanze entspricht«, schrieb Die Woche. Kurz nach Fertigstellung der Forschungsarbeiten sei der Nikotingehalt aber angehoben worden. Plötzlich kam ein Teil Nikotin auf neun Teile Teer – genau nach Anweisung der Philip-Morris-Forscher. Erklären kann sich beim Tabakkonzern die Koinzidenz der Ereignisse niemand. »Ehrlich gesagt«, gab sich die Forschungschefin Kathy Ellis geschlagen, »ich verstehe das nicht.« So viel Unkenntnis überrascht, zumal interne Protokolle der Firma mittlerweile sogar im Internet veröffentlicht waren. Danach wusste Philip Morris bereits 1966, dass die Nikotinausbeute durch die Zugabe von Ammoniak in den Tabak verbessert werden kann. Und schon 1980 freute sich die hauseigene Forschungsabteilung: »Wir haben nachgewiesen, dass es optimale Nikotinmengen gibt, die die besten Ergebnisse beim Geschmack und der physiologischen Wirkung erzeugen.«

Interessante Innovationen hatte auch die Firma Brown & Williamson zu bieten, allerdings ganz im Verborgenen. Unter dem Codenamen Y-1 hat sich das Unternehmen jahrelang um die Züchtung gentechnisch optimierter Tabakpflanzen bemüht. Ergebnis: Ein Turbo-Tabak mit doppelt so hohem Nikotingehalt wie bei herkömmlichen Pflanzen. Diesen Gentabak ließ die Firma bei einer brasilianischen Tochterfirma anbauen – so heiße Ware gedeiht eben unter der Sonne und in der Abgeschiedenheit Südamerikas doch am besten. Bereits in den 60er Jahren, so ist in internen Protokollen zu lesen, konnten die Forscher »jeden vom Management gewünschten Nikotin- und Zuckergehalt« in Zigaretten erzeugen.

Big business – das Milliardengeschäft mit Zigaretten

Seit den geschilderten Enthüllungen sieht sich die Tabakindustrie mit einer nicht enden wollenden Prozesslawine konfrontiert. Zwar konnte die erste Sammelklage, die im Namen der geschädigten US-Raucher (Grund der Klage war, dass die Tabakfirmen die wahren Wirkungen verschwiegen hatten) vor dem Bundesgericht in New Orleans angestrengt wurde, abgeschmettert werden. Doch 1997 schloss die amerikanische Tabakindustrie mit den 40 Bundesstaaten einen in der Geschichte einmaligen Vergleich: Die Konzerne verpflichten sich, in den kommenden 25 Jahren etwa 315 Milliarden Euro an die Gesundheitsbehörden abzuführen, damit sind alle staatlichen Ansprüche abgegolten. Doch fast wöchentlich werden die gebeutelten Tabakmultis von Privatklägern zur Kasse gebeten:

- 22 Millionen Euro erhält eine an Lungenkrebs erkrankte Frau vom Geschworenengericht in San Francisco zugesprochen.
- 75 Millionen Euro Schadensersatz soll Philip Morris an die Hinterbliebenen eines verstorbenen Rauchers in Oregon zahlen.
- Und seit 1999 haben auch Anwälte in Japan, Frankreich und Deutschland die einträgliche Lungenkrebs-Klientel entdeckt.

Bei aller Kritik an den Machenschaften der Tabakindustrie bleibt jedoch schleierhaft, wieso Gerichte solche Klagen überhaupt bearbeiten. Schließlich sind Raucher durch ihr Tun nicht vom eigenen Verstand befreit. Für jede einzelne Zigarette, die sie sich anzünden, bleiben sie trotz Suchtwirkung des Nikotins selbst verantwortlich. Oder sollen Trinker ihre Brauerei verklagen, wenn sie vom Arzt einen Bier bedingten Leberschaden diagnostiziert bekamen, und Herzpatienten zerren künftig ihren Bäcker vor Gericht, weil die tägliche Cholesterinbombe in Form einer Sachertorte einfach unwiderstehlich war?

Unter dem massiven öffentlichen Druck reagierten die Tabak-Multis 1999 mit einer völlig überraschenden PR-Aktion, vergleichbar nur mit der Beendigung des kalten Krieges und dem Einzug von Glasnost und Perestroika. Philip Morris gab auf seiner Internet-Seite (www.philipmorris.com) bekannt:

- »Es gibt umfangreiche medizinische und wissenschaftliche Beweise, dass Zigarettenrauch Lungenkrebs, Herzkrankheiten und andere ernsthafte Krankheiten verursacht.«
- Auch vom Vorwurf, Jugendliche zu verführen, distanziert sich die Firma entschieden: »Zigaretten sind unser Produkt, es ist nur für Erwachsene gedacht. Wir wollen keine Kinder zu Rauchern machen.«
- Sogar Tipps zur Rauchentwöhnung gibt es bei Philip Morris!

Letzte Bastion – Werbung oder Nichtraucherschutz

Nur beim Thema Passivrauchen weicht der Branchenriese noch vom Stand der Wissenschaft ab. »Viele Forscher halten Passivrauchen für eine Gesundheitsgefahr«, ist im Internet zu lesen. Dann schränkt der Konzern jedoch ein: »Auch wenn wir vielen Meinungen nicht zustimmen, möchten wir Sie mit diesen Informationen versorgen.«

Denn nichts müssen die Tabakhersteller mehr fürchten als Nichtraucher-Schutzgesetze, die das Rauchen in öffentlichen Gebäuden und am Arbeitsplatz untersagen könnten. Und deshalb setzen sie ihre ganze Macht ein, um diese gesetzlich verordnete Stigmatisierung ihrer Kundschaft zu verhindern.

Besonders umkämpft ist der deutsche Markt – immerhin werden hier jährlich 145 Milliarden Zigaretten geraucht und etwa 1900 Tonnen Teer in den Lungen der Raucher endgelagert – und entsprechend aktiv sind die Lobbyisten der Zigarettenindustrie. Obwohl auch im Bundestag rein rechnerisch das Verhältnis Nichtraucher/Raucher bei 2:1 liegen müsste, wurde der Gesetzentwurf in der Ära Kohl abgeschmettert. »Eine Meisterleistung eines Charmeurs namens Axel Heim«, schrieb der Stern. »Wochenlang«, so die Illustrierte über den Spitzenlobbyisten »hockte er immer wieder vor Fraktions- und Ausschuss-Sälen, die Tür immer fest im Blick«. Bei Bedarf zückt der Überredungsfachmann eine Studie, die beweisen soll, dass der Wirtschaftsstandort Deutschland gefährdet ist, sollte ein Nichtrauchergesetz kommen. Die Bedenken sind auch nicht ganz von der Hand zu weisen, denkt man allein an die Einbußen im Etat des Finanzministers. Mit etwa 11 Milliarden Euro konnte er jährlich durch die Tabak- und Mehrwertsteuer rechnen, nach Erhöhung der Tabaksteuer sollen es 2,1 bis 4,2 Milliarden Euro mehr sein, da wird schon so mancher Politiker weich. Die Diskrepanz der Summen erklärt sich mit dem Unsicherheitsfaktor Raucher: Wie viele Raucher aufgrund der Anhebung der Packung Zigaretten um einen Euro tatsächlich aufhören werden, weiß kein Mensch. Hören viele auf, geht zwar zunächst Geld aus der Kasse des Finanzministers flöten, dafür spart die Gesellschaft langfristig, da weniger Krankheitskosten entstehen.

Selbst das Gesundheitsministerium sprach sich jahrelang gegen ein Tabakwerbeverbot aus. Über die Sinnhaftigkeit eines Werbeverbots lässt sich endlos streiten: Verführt ein Formel-1-Ferrari mit »Marlboro«-Schriftzug einen einzigen Teenager zum Rauchen? Muss man demnächst einen »Mon Chéri«-Werbespot wegen des Alkohols im Praliné verdammen? Tatsache ist, dass gerade die nachwachsende Zigarettenkundschaft auf die Werbung, ihre Inhalte, Idole und Werte fliegt. Die Zigarettenwerbung lockt mit einem verführerischen Abenteuer-Luxus-Spannung-Romantik-Surrogat – da irritiert der Lungenkrebs, an dem Marlboro-Reklame-Cowboy David McLean verstarb. Aber deshalb die Marlboro-Pferde in Rente schicken?

Statt eines Werbeverbots sollte man besser über die Folgen des Zigarettenrauchens – und Passivrauchens – informieren, ein Vorschlag, der vor allem an Eltern und Lehrer adressiert ist, sofern sie als nichtrauchende Vorbilder geeignet sind.

> Die American Medical Association veröffentlichte eine Studie über den Zusammenhang von Spenden der Tabakindustrie an Abgeordnete im US-Kongress. Dabei zeigte sich, je höher die Spenden, die ein Abgeordneter erhielt, desto geringer war die Unterstützung von Gesetzentwürfen, die die Tabakindustrie einschränkten.

Wie die eher klassische Tabak-PR aussieht, demonstriert in Deutschland Professor Franz Adlkofer, der dem Forschungsrat »Rauchen und Gesundheit« vom Verband der Cigarettenindustrie (VdC) angehört und »interessante« Studien erstellt. In der angesehenen Zeitschrift »Circulation« veröffentlichte er eine Arbeit, die die Unbedenklichkeit des Passivrauchens untermauern soll. Weil den Medizinredakteuren die Adlkofer'schen Thesen seltsam vorkamen, verlangten sie eine Erklärung zur Unbefangenheit des Zigarettenprofessors. Die kam laut Stern postwendend: »Ich erkläre kategorisch, dass ich in keiner Weise, weder finanziell, wirtschaftlich noch in anderer Art eine Verbindung zur Zigarettenindustrie habe.«

Service-Teil – die besten Tipps der Entwöhnungsexperten

Sie haben es geschafft aufzuhören. Aber: Sie fühlen sich gereizt, können nicht mehr schlafen, vermögen sich nicht eine Sekunde lang zu konzentrieren und nehmen kiloweise zu. Tolle Sache, diese Raucherentwöhnung, denken Sie: Ihre Lebensgefährtin/Ihr Lebensgefährte droht, Sie zu verlassen, wenn Sie nicht sofort wieder rauchen. Ihre Schwiegermutter in spe schenkt Ihnen eine Stange Light-Zigaretten aus dem Duty-free-Shop.

Was tun gegen Entzugserscheinungen?

Wer das Rauchen aufgibt, leidet möglicherweise unter einer Reihe von Entzugserscheinungen. Nicht jeder Nichtraucher verspürt sie. Außerdem schildern Raucher diese Symptome äußerst unterschiedlich. Hier eine Auflistung der häufigsten Entzugserscheinungen und was man dagegen tun kann:

Symptom	**Empfohlene Strategie**
Reizbarkeit	Entspannen Sie sich, gehen Sie kurz spazieren, nehmen Sie ein heißes Bad. Versuchen Sie Nikotinersatztherapie.

Müdigkeit	Machen Sie einen Mittagsschlaf, versuchen Sie, es locker zu nehmen. Versuchen Sie Nikotinersatztherapie.
Schlaflosigkeit	Entspannen Sie sich. Vermeiden Sie Kaffee, Tee und Schokolade nach 18.00 Uhr.
Husten, trockener Hals, Naselaufen	Trinken Sie viel, mindestens drei Liter am Tag, gegen Husten helfen manchmal Tropfen.
Schwindelgefühl	Lenken sie kein Kfz, seien Sie aufmerksam, wenn Sie an gefährlichen Maschinen arbeiten, passen Sie auf beim Treppensteigen.
Konzentrationsstörungen	Planen Sie Ihr Arbeitspensum entsprechend. Vermeiden Sie besonders anstrengende Aufgaben in den ersten Wochen.
Verstopfung, Blähungen	Trinken Sie viel, mindestens drei Liter pro Tag, essen Sie mehr Nahrungsmittel mit Ballaststoffen (Obst, Gemüse, Vollkorn).
Hunger	Trinken Sie viel Wasser oder kalorienarme Getränke, halten Sie kalorienarme Snacks bereit, wenn der Hunger Sie überfällt.
Verlangen nach einer Zigarette	Versuchen Sie Alternativen, warten Sie ab, bis die Gier vorüber ist, sie dauert nur wenige Minuten, lenken Sie sich ab, treiben Sie Sport, machen Sie einen kurzen Spaziergang.

Belohnen Sie sich selbst

Damit Sie nichts vermissen, müssen Sie sich belohnen. So feiern Sie Ihren Zwischenerfolg ohne Zigaretten:

- Kaufen Sie eine neue CD, Kassette oder ein schönes Magazin
- Bleiben Sie einmal länger im Bett
- Gehen Sie zum Frisör
- Kaufen Sie sich neue Laufschuhe oder Sportsachen
- Halten Sie mit einem Freund oder einem Familienmitglied einen Plausch am Telefon
- Besorgen Sie sich ein Ticket für ein Konzert oder eine andere Veranstaltung
- Verbringen Sie mehr Zeit mit Ihrem Hobby
- Gehen Sie ins Kino, oder leihen Sie sich einen alten Filmklassiker als Video aus
- Kaufen Sie sich selbst einmal Blumen

Stress-Killer

1. Stehen Sie morgens eine Viertelstunde eher auf. Das morgendliche Prozedere gestaltet sich dadurch stressfreier.
2. Bereiten Sie sich abends auf den nächsten Tag vor. Decken Sie den Frühstückstisch. Bereiten Sie eventuell das Mittagessen vor. Legen Sie die Kleidung raus, die Sie anziehen möchten.
3. Verlassen Sie sich nicht auf Ihr Gedächtnis. Schreiben Sie sich die Uhrzeit Ihrer Verabredungen auf. Notieren Sie, wann Sie Ihre Kleidungsstücke aus der Reinigung abholen oder Bücher in die Bücherei zurückbringen müssen.

4. Lassen Sie Ihre Schlüssel nachmachen. Verstecken Sie einen Hausschlüssel im Garten oder legen ihn ins Portemonnaie.
5. Praktizieren Sie die Vorbeugestrategie. Stellen Sie sicher, dass Ihr Auto, etwas in der Wohnung oder im Haus oder Ihre Beziehung nicht im »schlimmsten Moment« kaputtgeht.
6. Stellen Sie sich aufs Warten ein. Mit einem Taschenbuch kann Warten sogar angenehm sein.
7. Verschieben Sie nichts auf morgen, das erzeugt Stress. Was Sie morgen erledigen wollten, erledigen Sie besser heute. Was Sie heute anpacken wollten, sollten Sie sofort tun.
8. Planen Sie im Voraus. Fahren Sie nicht, bis der Tankanzeiger auf Rot steht. Besorgen Sie Lebensmittelreserven für zu Hause.
9. Geben Sie sich nicht mit etwas zufrieden, wenn es nicht richtig funktioniert. Kaputte Wecker, fehlende Knöpfe an Jacken oder eine defekte Lampe sind ständige Aggressionsquellen. Reparieren Sie die Dinge, oder kaufen Sie etwas Neues.
10. Planen Sie 15 Minuten mehr ein, um zu einer Verabredung zu fahren.
11. Beschränken Sie Ihren Koffeinkonsum, oder stellen Sie ihn ganz ein.
12. Schrauben Sie Ihre Anforderungen runter. Die Welt wird nicht untergehen, wenn Sie diese Woche nicht den Rasen mähen.
13. Entspannen Sie sich. Für jede Sache, die schief läuft, gibt es bestimmt 10 bis 50 Dinge, die gut gehen.
14. Sagen Sie »Nein«. Lehnen Sie zusätzliche Projekte ab, soziale Aktivitäten oder Einladungen, die Ihnen nur Energien rauben. Stöpseln Sie Ihr Telefon aus, wenn Sie ein langes heißes Bad nehmen, allein sein, lesen oder schlafen wollen.

Was Sie anstelle von Rauchen tun können

- Ein Geburtstagsgeschenk basteln
- Fotoalbum kaufen und Bilder einkleben
- eine Postkarte oder einen Brief an jemanden schreiben
- im Garten arbeiten, einen Baum pflanzen
- Reparaturen an Auto oder Haus selbst durchführen
- einen Schwarzweißfilm kaufen und Fotos machen
- den nächsten Urlaub planen
- in die Sauna/ins Dampfbad gehen
- Schwimmen gehen
- ein Eis essen gehen
- neue Laufschuhe kaufen
- sich schminken
- einen Freund anrufen
- mit dem Partner zum Essen gehen
- Sex mit dem Partner
- zur Massage gehen
- Schulfreunde anrufen
- eine Mail schreiben
- Blumen kaufen
- einen Spaziergang machen
- einen Videofilm ausleihen
- eine schöne Zeitschrift kaufen
- ins Kino gehen
- jemanden zum Essen einladen
- in der Stadt bummeln gehen
- Fahrrad fahren
- jemandem helfen
- eine Blume umtopfen
- eine Gymnastikübung machen

- fünf Minuten die Füße auf den Tisch legen
- Fenster aufmachen und durchatmen
- mit einem Stift spielen
- Nägel lackieren
- ein Bad nehmen

Wetten abschließen

Wetten hilft manchmal, den eigenen Entschluss aufrechtzuerhalten. Wetten Sie:

- um Geld
- um ein Essen
- um eine Flasche Sekt
- darum, wer als Nächstes mal einen Ausflug organisiert
- um eine Kiste Bier
- um eine Runde in Ihrer Stammkneipe

Zähne putzen

Viele Raucher hassen es, mit dem Geschmack von Zahnpasta sich eine Zigarette anzustecken. Der Qualm und der frische Zahnpastageschmack passen einfach nicht zusammen. Kaufen Sie sich für unterwegs ein kleines Zahnputzset, und putzen der sich bei Suchtattacken, egal wo sie sich gerade befinden, die Zähne. Es ist allgemein akzeptiert, dass jemand im Restaurant aufsteht, um sich frisch zu machen.

Rauchutensilien vernichten

Diese Dinge sollten Sie am besten gleich wegwerfen:

- Zigaretten
- Zigarren
- Zigarillos
- Aschenbecher
- Feuerzeuge (in Jackentaschen)
- Streichhölzer (in Jackentaschen)

Sport als Therapie des dritten Jahrtausends und warum Rolltreppen toxisch sind

OK, es klingt banal, aber mit regelmäßiger Bewegung könnten wir unser deutsches Gesundheitssystem von heute auf morgen sanieren und unseren Körper ebenso. Nicht nur Rückenschmerzen und Herz-Kreislaufkrankheiten, sondern auch die Sucht zu bekämpfen, funktioniert mit ein bisschen Sport viel besser. Das ist wissenschaftlich belegt. Damit Sie sich ablenken und nicht unnötig zunehmen, hilft eine Runde Jogging, Schwimmen, Radfahren oder ein Spaziergang. Versuchen Sie regelmäßig (3-mal die Woche), Ihren Stoffwechsel zu erhöhen. Denn der reguliert sich zunächst einmal herunter, wenn Sie mit den Zigaretten aufhören. Es ist also völlig egal, was Sie machen, Hauptsache, es macht Ihnen etwas Spaß. Erfolg versprechend hat sich erwiesen, die Bewegung in den Alltag zu integrieren, also: Lieber mal mit dem Fahrrad zum Supermarkt und Treppen steigen statt den Aufzug benutzen. Stellen Sie sich vor, dass vor jeder Rolltreppe ein Warnschild steht: **VORSICHT, DIE BENUTZUNG DIESER ROLLTREPPE SCHADET IHRER GESUNDHEIT.**

Dass Sport ein ganz wichtiges Begleitprogramm ist, haben zahlreiche Studien bewiesen. Die Erfolgsquote von Leuten, die Sport treiben, ist deutlich höher als die von trägen Ex-Rauchern.

Rückfällen vorbeugen

Leider geht es bei der Raucherentwöhnung nicht darum, einen Tag oder eine Woche »clean« zu bleiben. Wichtig ist, es ein Jahr zu schaffen, dann stehen die Chancen gut, es ein Leben lang zu schaffen. Wann jemand rückfällig wird, ist generell nicht zu sagen. Das ist so individuell wie der Geschmack.

Rückfällen kann man vorbeugen, indem man die Liste der alternativen Tätigkeiten im Kopf parat hat, Stress vermeidet, die Rauchutensilien wegwirft und sich ablenkt.

Vor allem sollte man versuchen, Rückfälle zu verkraften und trotzdem nicht aufzugeben.

Motivation aufbauen

Der Schlüssel zum Erfolg ist der Grad Ihrer Motivation. Alles, was Sie unterstützen kann, sollte mobilisiert werden. Legen Sie sich eine Liste zurecht, warum Sie aufhören wollen. Bitten Sie Ihre Familie und Freunde, Sie zu unterstützen. Belohnen Sie sich regelmäßig für kleine Erfolge – und halten Sie durch!

Anhang

Adressen für weitere Informationen

Deutsches Krebsforschungszentrum Heidelberg
Raucher-Telefon: 06221-424200
Montag bis Freitag 15.00 – 19.00 Uhr
www.dkfz.de/rauchertelefon/index.htm

Der Entwöhnungsexperte und Psychologe Peter Lindinger und sein Team geben fachkompetenten Rat in Akutfällen, helfen bei der Auswahl geeigneter Entwöhnungsmethoden und unterstützen Raucher dabei aufzuhören.

Das Rauchertelefon orientiert sich am aktuellen Stand der Forschung zur Behandlung der Tabakabhängigkeit. Zunächst erfragen die Hotline-Mitarbeiter anhand eines Schemas den so genannten Raucherstatus sowie den Grad der Tabakabhängigkeit.

»Grundsätzlich orientiert sich die Art der Information an der Bereitschaft des Anrufers, sein Rauchverhalten zu verändern«, erläutert die Medizinerin und Initiatorin des Rauchertelefons Dr. Martina Pötschke-Langer das Konzept. »Wir holen die Raucher ab, wo sie sind.« Die Medizinerin mit langjähriger Erfahrung in der Prävention ist davon überzeugt, dass viele Informationen zum Thema Rauchen völlig an der Zielgruppe vorbeigehen. »Die meisten Raucher wissen, dass Rauchen schädlich ist. Viele wünschen sich jedoch Hilfe beim Einstieg in den Ausstieg.«

»Raucher brauchen konkrete Hinweise für ihre spezielle Situation. Wenn jemand noch nie versucht hat aufzuhören, bekommt er bei uns völlig andere Infos als jemand, der schon fünfmal rückfällig geworden ist.« Die verschiedenen Phasen der Raucherentwöhnung werden beim Rauchertelefon berücksichtigt:

Raucher, die noch nicht motiviert sind aufzuhören, erhalten durch eine individuelle Nutzenanalyse konkrete Anregungen, die ihnen helfen sollen, sich für einen Ausstieg zu entscheiden.

Aufhörbereite Raucher werden ermutigt und dabei unterstützt, die Finger von den Zigaretten zu lassen. Dabei hilft man ihnen, den Rauchstopp vorzubereiten und zu terminieren. Ebenfalls erhalten sie Infos über die Nikotinersatztherapie mit Kaugummis, Pflaster oder Sprays.

Mit Rückfälligen wird die Situation besprochen, in der sie schwach geworden sind. Danach leiten die Hotline-Mitarbeiter mit dem Raucher unmittelbar einen neuen Ausstiegsversuch in die Wege.

Fachkreise und Mitarbeiter in Gesundheitsberufen erhalten Informationen über erfolgreiche Strategien zur Raucherentwöhnung.

Das Rauchertelefon informiert kostenlos, auf Wunsch auch anonym.

Auf der Webseite (Adresse oben) kann man sich eine Broschüre herunterladen. Sie richtet sich an Mitarbeiter in Gesundheitsberufen: »Raucherentwöhnung leichter gemacht – Empfehlungen für Gesundheitsberufe« wurde von der Weltgesundheitsorganisation und der Koalition gegen das Rauchen erstellt. Die Printausgabe gibt es bei der Bundeszentrale für Gesundheitliche Aufklärung.

Broschüre: Passivrauchende Kinder in Deutschland – Frühe Schädigung für ein ganzes Leben, Deutsches Krebsforschungszentrum, Heidelberg
Bundeszentrale für Gesundheitliche Aufklärung
Ostermeierstr. 200
51109 Köln
Tel: 0221-89921
www. bzga.de
Hier finden sich auch Informationen über zumeist kostenlose Broschüren zu allen Themen der Raucherentwöhnung – wahrscheinlich die größte Auswahl in ganz Deutschland. Zu den besten Broschüren gehören die für Schwangere.

Info- und Beratungsdienst der Bundeszentrale für gesundheitliche Aufklärung
Tel: 01805-313131 (12 Cent pro Minute)
Beratung von Montag bis Freitag 9.00–17.00 Uhr

Info- und Beratungstelefon für die Prävention des plötzlichen Säuglingstods, für schwangere und junge Eltern
Tel: 0180-5099555
Beratung Dienstag bis Donnerstag von 8.00–10.00 Uhr
Und Dienstag von 16.00–18.00 Uhr
Infotext und kostenloser Faxabruf rund um die Uhr

Rauchertelefon des Instituts für Raucherberatung und Tabakentwöhnung
Tel: 089-68999511 (Normaltarif für Ferngespräche)
Beratung Montag, Dienstag, Donnerstag von 9.30–13.30, Mittwoch von 15.30–19.30

Helpline Bayern wird rauchfrei!
Tel: 0800-1418141 (kostenlos)
Beratung täglich von 14.00–18.00 Uhr

Rauchertelefon des Instituts für Nikotinforschung und Raucherentwöhnung Erfurt
Tel: 0361-6450816 (Normaltarif für Ferngespräche)
Beratung von Montag bis Donnerstag von 7.00–16.00 Uhr, Freitag von 7.00–12.00 Uhr

»Ja, ich werde rauchfrei«, Basisbroschüre für den Ausstieg, praktische Anleitung für Einzelpersonen und Gruppen, die sich das Rauchen abgewöhnen wollen. Tipps zu: Wie man rauchfrei das Gewicht halten kann, wie man typische Rauchsituationen anders gestalten kann, wie man einem Rückfall vorbeugen kann.

»Ich bekomme ein Baby – rauchfrei«, verfasst vom Bremer Institut für Präventionsforschung und Sozialmedizin. Exzellenter Ratgeber für werdende Mütter und Väter, die aufhören wollen zu rauchen. Nach Meinung von Experten eines der besten Selbsthilfe-Manuale für Schwangere. In übersichtlichen, kurzen Texten erhält die Mutter in spe Infos und wird in einzelnen Schritten motiviert aufzuhören. Systematisch bekommt sie Gründe an die Hand, die ihr auch über Durststrecken hinweghelfen, zum Beispiel: »Lassen Sie sich nicht von dem Anspruch, nie mehr zu rauchen, erdrücken. Machen Sie jeweils den heutigen Tag zum Nichtrauchertag.«

Kostenlose Bezugsquelle: wwwl.bzga.de

»Das Baby ist da – rauchfrei«, Broschüre für Mütter und Väter, die ihnen hilft, auch nach der Geburt des Kindes ohne Zigaretten auskommen zu können.

Kostenlose Bezugsquelle: wwwl.bzga.de

Kurse zur Raucherentwöhnung. Über bundesweit angebotene Nichtraucherkurse der BZgA informieren Krankenkassen, Volkshochschulen und das Institut für Therapieforschung, IFT, Parzivalstr. 25, 80804 München, Tel: 089-3068040, das Kurse im Auftrag der BZgA anbietet.

Persönliche Telefonberatung der Bundeszentrale für Gesundheitliche Aufklärung BZGA: Tel: 0221-892031

Allen Carr's Easyway
Ist in vielen Städten vertreten und bietet dort Seminare an, zum Beispiel in Hamburg, Düsseldorf/Köln, Berlin, Wiesbaden, Zürich, Salzburg, Bad Salzuflen und München.
Telefonnummer deutschlandweit: 01803-201717
Internet: www.allen-carr.de

Ärztlicher Arbeitskreis Rauchen und Gesundheit e.V.
Postfach 1244
85379 Eching
Tel: 089-3162525

Deutsche Hauptstelle gegen die Suchtgefahren e.V.
Westring 2
59065 Hamm
Tel: 02381-90150

Deutsche Krebsgesellschaft e.V.
Paul-Ehrlich-Str. 41
60596 Frankfurt
Tel: 069-6300960
verschiedene Informationen zur Raucherentwöhnung

Nichtraucher-Initiative Deutschland e.V.
Carl-von-Linde-Str. 11
85716 Unterschleißheim
Tel: 089-3171211
www.nichtraucherschutz.de
Geben das regelmäßig erscheinende Infoblatt »Nichtraucher-Info« heraus, das sich durch seine markigen Sprüche auszeichnet, mit Informationen zur rauchfreien Freizeitgestaltung von organisierten Bergtouren über Kegeln, Kartenspielen und Tanzen. Die Nichtraucher-Initiative bemüht sich, nicht um den heißen Brei herumzureden, sondern polarisiert gern einmal: Eine Kostprobe aus der »Nichtraucher-Info« (Nr. 37-1/00): »Raucherorgien im Fernsehen – In Filmen und Talkshows wird hemmungslos geraucht.« Oder: »Gastronomie: Beschwerden helfen weiter!«

Deutsche Herzstiftung e.V.
Vogtstr. 50
60322 Frankfurt am Main
Tel: 069-955128-0
Fax: 069-955128-313
www.herzstiftung.de
e-mail: Herzstiftung @compuserve.de
Hier gibt es einen Sonderdruck »Methoden der Raucherentwöhnung« sowie zahlreiche Informationen zu Herz, Rauchen, Raucherentwöhnung.

Arbeitskreis zur Patienteninformation über Gesundheit und Umwelt e.V.
Postfach 200162
63087 Rodgau
Tel/Fax: 06106-2074
Informationen rund um das Thema Raucherentwöhnung

Deutsche Krebshilfe e.V.
Thomas-Mann-Str. 40
53111 Bonn
Tel: 0228-7299-0
www. krebshilfe.de
Die Adresse bietet auf ihrer Webseite Informationen zum Thema Rauchen und Tabakentwöhnung. Außerdem erhält man hier den Präventionsratgeber: »Aufatmen – Erfolgreich zum Nichtraucher«. Die Krebshilfe verfügt ebenfalls über Adressen zur Raucherentwöhnung.

Max-Planck-Institut für Psychiatrie, München
Klinische Psychologie und Epidemiologie
Kraepelinstr. 2-10
80804 München
Tel: 089-30622-0
Fax: 089-306 22-544
Prof. Dr. Hans-Ulrich Wittchen
Diplompsychologin Eva Hoch
Forschung zum Thema Raucherentwöhnung sowie verhaltenstherapeutische Gruppenprogramme

Institut für Klinische Psychologie und Psychotherapie der Universität Dresden
Prof. Hans-Ulrich Wittchen
Chemnitzer Str. 46
01187 Dresden
Tel: 0351/46 336 983

Institut für Nikotinforschung und Raucherentwöhnung
Prof. Dr. med Knut-Olaf Haustein
Johannesstr. 85-87
99084 Erfurt
Rauchersprechstunde
Tel: 0361-64508-0
Fax: 0361-64508-20
www.inr-online.de
Das Institut für Nikotinforschung und Raucherberatung wurde am 1. Oktober 1999 eröffnet und widmet sich der Beratung von Rauchern und

der Raucherentwöhnung unter ärztlicher Betreuung. Es ist eine von wenigen Beratungsstellen an Kliniken, die ambulant professionelle Hilfe bei der Raucherentwöhnung geben.

Zentralinstitut für Seelische Gesundheit
Prof. Dr. Karl Mann
Postfach 121220
68072 Mannheim
Tel: 0621-1703943
Das Zentralinstitut ist eine Suchtklinik, die eine spezielle ambulante Raucherberatung anbietet. Prof. Mann ist Verhaltenstherapeut.

Klinikum Nürnberg-Erlangen
Klinik für Pneumologie
Internist Dr. Pal Laslo Bölcskei
Prof.-Ernst-Nathan-Str. 1
90340 Nürnberg
Tel: 0911-398267-4
Spezielle ambulante Raucherberatung an der Klinik. Eine der wenigen ambulanten Spezialberatungsstellen für Raucher in Deutschland.

Raucherentwöhnung
an der Charité Campus Virchow-Klinikum, Berlin
Klinik für Geburtsmedizin Prof. Joachim Dudenhausen
Elternkolleg
Tel: 030/450 564 117 (Anrufbeantworter für Terminvergabe)
Psychologin Anne Wilkening
Spezielle Raucherberatung für Schwangere, deren Partner sowie andere Interessierte mit Hilfe von verhaltenstherapeutischen Ansätzen. Zusätzlich wird Akupunktur angeboten. Ein außerordentlich erfolgreiches, besonders engagiertes Programm mit Vorbildcharakter an einer innovativen Klinik.

Bezirksamt Hohenschönkam
Abteilung Gesundheitswesen
Plan- und Leitstelle
Matenzeile 26
13053 Berlin

Tel: 030-98 207503
Ansprechpartner: Johannes Spatz, ärztlicher Leiter
Eine gute Adresse in Berlin, speziell mit einem Beratungsangebot für Raucher, die aussteigen wollen.

Gesundheitszentrum Waldfriede
Träger des Zentrums: die Adventgemeinde (Gemeinschaft der Siebenten-Tags-Adventisten)
Argentinische Allee 40
14163 Berlin
Tel: 030-8181030-1
Leiter: Internist Dr. Lothar Erbenich
Das Zentrum, das an eine Klinik angeschlossen und sehr engagiert in der Gesundheitsförderung ist, bietet das »Endlich frei!«-Seminar, das ohne Medikamente angeboten wird und auf Methoden der Verhaltenstherapie beruht. Den Einsatz von Nikotinersatzpräparaten diskutiert das Zentrum gerade. Das Besondere an dem Konzept des Zentrums: Es basiert auf Seminaren der Adventisten, einer religiösen Vereinigung, die im Deutschen Verein für Gesundheitspflege organisiert sind. Das Seminar findet an neun Abenden statt und kostet etwa 125 Euro.

Deutscher Verein für Gesundheitspflege e.V.
Träger: die Adventgemeinde
(Gemeinschaft der Siebenten-Tags-Adventisten)
Sennefelderstr. 15
73760 Ostfildern
Tel. 0711-4481951
Bernd Wöhner, Geschäftsführer
Hat das Programm »Endlich frei!« erarbeitet als Grundlage für bundesweite Nichtraucherseminare. Vermittelt Adressen für diese speziellen Raucherseminare der Adventsgemeinde. Die Seminare kosten ungefähr 125 Euro. Das Buch »Endlich frei!« beschreibt die Methode und ist Anfang 2000 erschienen.

Zusätzliche Internetadressen
www.quitnet.org
Eine Seite, die von über 20 000 registrierten Rauchern beziehungsweise Ex-Rauchern benutzt wird. Die Registrierung ist kostenlos. Dann

kann man per Mausklick einen »Quit day« festlegen und sich online entwöhnen. Ein Abo bei den »Quit tips« beschert einem E-Mails, die den »quit tip of the day« direkt in das E-Mail-Account befördern. Chats mit Rauchern sollen es erleichtern zu sehen, dass auch andere mit den gleichen Problemen zu kämpfen haben. Zu Beginn erfährt man, wie viele registrierte Raucher oder Ex-Raucher gerade online sind. Professionelle Entwöhnungsprogramme und viele Informationen über das Rauchen und wie man es sich abgewöhnt, sind hier erhältlich.

Erfinder dieser Seite ist Dr. Nathan Cobbs, der festgestellt hat, dass sich aus Zeitgründen mehr Menschen online motivieren lassen, als in seine Sprechstunde kommen können.

www.QuitSmokingSupport.com
Wurde bereits von fünf Millionen Rauchern oder ehemaligen Rauchern aufgerufen und hilft bei der Entwöhnung. Über Tipps, nützliche Links und Anleitung zur Raucherentwöhnung gibt es hier alles, was das Raucherherz begehrt – nur keine Zigaretten.

www.rauchfrei-online.de
Wer mit Internet-Hilfe den Entzug schaffen will, kann sich hier einloggen

www.rauchfrei.de
Informationsreiches Portal für Tabak-Abstinenzler

Buchtipps

Allen Carr, **Endlich Nichtraucher – Der Ratgeber für Eltern**, Goldmann Verlag 2001. So bleibt Ihr Kind frei von Nikotin. So helfen Sie Ihrem Kind, mit dem Rauchen Schluss zu machen.

Peter Lindinger, **Rauchfrei und trotzdem schlank**, Fischer Taschenbuch 3. Auflage 2003. Das Buch des Psychologen, der tagtäglich Raucher am Rauchertelefon des Deutschen Krebsforschungszentrums in Heidelberg berät.

Register